혼자서도 잘 할 수 있는 만화
돈 되는 펀드투자

혼자서도 잘 할 수 있는 만화
돈되는 펀드투자

구성·그림 | 길문섭
원작·감수 | 오윤관
펴낸이 | 김성은
편집기획 | 조성우·손성실
마케팅 | 이동준·이준경·강지연·이유진
편집디자인 | 하람 커뮤니케이션(02-322-5405)
인쇄 | 중앙 P&L(주)
제본 | 대흥제책
펴낸곳 | 타임스퀘어
출판등록 | 제313-2008-000030호(2008. 2. 13)

초판 1쇄 인쇄 | 2008년 10월 20일
초판 1쇄 발행 | 2008년 11월 1일

주소 | 121-816 서울시 마포구 동교동 113-81 (1층)
전화 | 편집부 (02) 3143-3724, 영업부 (02) 335-6121
팩스 | (02) 325-5607

ISBN 978-89-960828-9-7 (13320)
책값은 뒤표지에 있습니다.

 길문섭, 2008, Printed in Korea.

• 무단 전재와 복제를 금합니다.
• 잘못된 책은 바꾸어 드립니다.

혼자서도 잘 할 수 있는 만화

돈 되는 펀드투자

구성·그림 **길문섭** | 원작·감수 **오윤관**

타임스퀘어

책을 내면서

펀드, 공부하는 만큼 보인다

    우리나라의 펀드 수가 2007년 11월 현재 9000개를 넘어 이제는 세계 1, 2위를 다툰다고 합니다. 그뿐 아니라 상장·등록된 주식 종목 수가 모두 1800여 개인데 펀드 수는 이보다 4–5배나 많다고 하니 과히 펀드 공화국이라고 할 만합니다.

    게다가 펀드의 투자 대상도 부동산이나 채권에서 선박, 그림, 영화 분야까지 확대되고 있습니다. 어찌 보면 너무 많다고 생각하는 사람도 있을지 모르겠습니다. 이처럼 펀드는 간접투자 상품으로써 많은 사람들에게 각광받고 있습니다.

    그런데 펀드가 아무리 각광받는 재테크 수단이라 하더라도 위험요소는 있게 마련입니다. 그러므로 신중하게 투자해야 합니다. 선진국에서는 펀드가 이미 오래 전에 정착되어 대다수 국민들이 재테크 수단으로 활용하고 있지만 우리나라는 아직까지 걸음마 단계입니다. 많은 사람들이 주위에서 펀드로 큰 수익을 올렸다는 얘기를 듣고 아무런 준비 없이 펀드에 투자하는 실수를 저지르곤 합니다. 그런데 어떤 펀드에 어떻게 투자하는가는 굉장히 중요한 문제입니다. 자칫 잘못하면 수익은커녕 원금손실도 가져올 수 있기 때문입니다. 그러므로 펀드에 투자할 때는 냉정한 판단과 공부가 선행되어야 합니다.

  저는 오래전부터 주식투자를 해왔습니다. 많은 주식전문서적을 탐독했고 심리학까지 공부했습니다. 주가 폭락으로 주식시장이 패닉에 빠지면 사람들이 왜 무작정 매도하려 드는지를 연구할 정도로 열성적이었습니다. 그러나 초단타매매를 지향했던 저의 주식 성적표는 그다지 좋지 않았습니다. 한번 호되게 당한 후 저는 생각을 바꿔 중장기 투자자로 탈바꿈했습니다. 펀드에 투자하게 된 것입니다. 그래서 최근에 있었던 상승장에서 예전의 손실을 만회할 수 있었습니다.

  솔직히 펀드에 투자한 후로 참 잘했다는 생각을 여러 번 했습니다. 매일 컴퓨터 앞에 앉아 주식에 관한 정보를 얻어낼 수 없는 상황에서는 직접투자보다 간접투자가 저에게 더 적합한 재테크 방법이라는 걸 깨달았기 때문입니다.

그렇다고 해서 펀드투자가 쉽다는 말은 아닙니다. 펀드 역시 직접투자처럼 철저한 준비를 해야 큰 수익을 올릴 수 있습니다. 무조건 은행이나 운용회사 직원에게 맡겨버리고 나 몰라라 하는 식의 투자는 지양해야 합니다.

이 책은 수많은 펀드투자 공식과 정보들을 펀드에 처음 입문하려는 분들이 쉽게 이해할 수 있도록 만들었습니다. 또한 만화라는 장르를 이용했기 때문에 첫 장을 넘기는 순간부터 아주 재미있게 공부할 수 있을 것입니다.

펀드투자는 결코 복잡하거나 어렵지 않습니다. 하지만 여러분이 공부하는 것만큼 보일 것입니다. 알고 시작하면 길이 보이게 마련입니다. 아무쪼록 독자 여러분들이 펀드를 이해하고 재태크 수단으로써 잘 활용하는 데 이 책이 큰 도움이 되었으면 합니다.

고맙습니다.

길문섭

원작 및 감수자의 말

기초가 탄탄해야 좋은 결실을 맺을 수 있다

최근에 모 자산운용사에서 출시한 펀드에 4조 원 가까운 돈이 모이자 증권사 창구에는 펀드 상담을 받으려는 사람들로 북새통을 이루었다고 합니다. 연말연시가 다가오면서 이런저런 모임이 많아지고 있는데 모이는 곳마다 무슨 펀드에 투자해서 수익률을 얼마나 올렸다느니, 펀드 몇 개를 투자하고 있다느니 하는 자랑 섞인 대화가 주를 이루는 듯합니다.

이런 분위기를 반영하듯 어느덧 국내 주식형 펀드로 몰린 자금이 100조 원을 넘어섰고 펀드 전체 잔액이 270조 원에 이르렀습니다. 펀드 잔액이 은행예금 잔액을 추월하기 시작한 것입니다. 펀드 계좌수도 1800만 개에 달해 이제 '1가구 1펀드 시대'를 넘어 '1인 1펀드 시대'를 맞이할 준비를 하고 있는 상황입니다.

이렇듯 온 국민이 펀드에 관심을 갖는 이유는 크게 두 가지입니다. 하나는 물가상승률에도 미치지 못하는 초저금리가 2004년 이후 본격적으로 시작되어 은행예금으로는 더 이상 돈이 불어나지 않는다는 판단 때문이고, 다른 하나는 2003년 이후 시작된 글로벌 주식시장의 장기상승 추세로 주식형 펀드가 매년 높은 수익률을 기록하고 있기 때문입니다. 특히 2005년 이후 국내 주식시장과 중국 주식시장이 폭등하면서 펀드 투자자들이 예상보다 훨씬 높은 수익률을 거두자 주식형 펀드로 급격히 자금이 집중되었습니다.

하지만 이런 고수익을 향한 펀드투자 열풍은 일반 투자자들 사이에서 수익률 게임으로 변질되어 점차 과다한 위험에 노출되고 있습니다. 더욱 문제가 되는 것은 투자자가 자신이 투자한 펀드에 대한 기본적인 내용도 이해하지 못한 채 단지 과거 수익률이 높았다는 사실만으로 선뜻 투자에 나선다는 사실입니다.

이런 상황에서 펀드와 펀드투자에 대해 누구나 쉽게 접하고 이해할 수 있는 만화로 된 펀드투자서가 나온 것은 큰 의미가 있다고 봅니다. 세상만사 모든 일이 그렇지만 기초가 탄탄해야 장기적으로 좋은 결실을 맺을 수 있습니다. 투자도 예외가 아닙니다. 펀드와 투자에 대한 기본을 튼튼히 하고 원칙을 지켜나가는 정도正道 투자가 장기적으로 투자자에게 큰 성공을 약속합니다.

이 책은 펀드에 대한 기초에서부터 실전에 이르기까지 초보 투자자들이 이해하기 쉽도록 구성되었습니다. 특히 투자성향별 포트폴리오를 사례별로 제시했기 때문에 펀드 투자를 계획하고 있는 예비 투자자들에게 큰 도움이 될 것입니다.

　또한 펀드나 펀드투자를 어려워하는 많은 초보 투자자들에게도 이 책이 좋은 길잡이 역할을 할 것입니다.

　아울러 장기 투자와 분산 투자라는 펀드투자의 기본 원칙을 철저히 익히고 실천해 성공하는 투자자가 되기를 진심으로 바랍니다.

오윤관

Contents

낄낄깔깔 만화 돈 되는 펀드투자

책을 내면서 4
원작 및 감수자의 말 7
등장인물 12

1부 펀드란

1. 펀드가 뭔가요? 22
    돈 되는 경제기사 | 개미가 곰을 만났을 때 밟히지 않으려면?
2. 펀드투자는 간접투자인가요? 31
3. 펀드투자는 전혀 위험하지 않나요? 33
4. 펀드도 예금자보호를 받을 수 있나요? 36
5. 펀드는 종류가 몇 가지인가요? 39
6. 선진국들의 펀드투자는 어떤가요? 41
    돈 되는 경제기사 | 버핏의 '배짱'을 흉내내라!
7. 적립식 펀드와 거치식 펀드가 뭐예요? 46
8. 펀드 비용은 얼마나 되나요? 52
9. 펀드투자를 왜 마라톤에 비유하나요? 55
    돈 되는 경제기사 | '그룹주 펀드', 업종을 먼저 봐야

2부 펀드투자에 관한 오해와 진실

10. 현재수익률이 높은 펀드가 좋은가요? 62
11. 주가가 바닥일 때 펀드에 가입하는 게 좋은가요? 65
   돈 되는 경제기사 | 폭락 증시… 리스크 줄이는 방법 없을까요?
12. 가입한 지 3개월이 지나면 환매수수료가 없나요? 73
13. 채권형 펀드는 손실이 나지 않나요? 76
14. 변동성이 크면 클수록 수익률도 큰가요?! 78
   돈 되는 경제기사 | "국내는 배당주… 해외는 중국 펀드"
15. 펀드는 아무데나 가서 가입해도 똑같나요? 85
16. 펀드는 오래될수록 좋은가요? 89
17. 펀드도 분산투자가 필요한가요? 92
   돈 되는 경제기사 | 변덕쟁이 증시에 날개 꺾인 펀드, 좀! 참아야 하느니라
18. 내가 가입한 펀드의 수익률만 왜 떨어지는 거죠? 99
19. 환매하려는데 주가가 상승할 때는 어떻게 하면 좋은가요? 102
   돈 되는 경제기사 | 스타일 ETF로 나만의 투자스타일 연출

3부 내 성향에 맞는 투자 포트폴리오 짜기

20. 자신에게 맞는 펀드가 뭐예요? 108
21. 자산 배분이 그렇게 중요한가요? 113
22. 내 투자 성향에 맞는 포트폴리오는 뭐죠? 117
   돈 되는 경제기사 | "객장의 우왕좌왕 개미들은 들으시오"
23. 구체적인 투자 성향별 포트폴리오를 알려주세요 125
   돈 되는 경제기사 | 코끼리 날아오르다
24. 포트폴리오에 나온 수익률이 사실인가요? 142
25. 과거의 종합주가지수를 토대로 수익률을 내본 적은 없나요? 149
   돈 되는 경제기사 | 나는 떨어질 때 산다

4부 적금보다 100배 나은 적립식 펀드

26. 적립식 펀드가 뭐예요? 158
27. 매입 단가 평준화 효과란 무엇인가요? 161
28. 적립식 펀드투자의 수익률을 결정하는 요소는 무엇인가요? 165
   돈 되는 경제기사 | '알짜 해외 펀드'를 찾아라
29. 적립식 펀드 중에는 어떤 펀드가 좋은가요? 174
30. 적립식 펀드투자는 언제 시작하는 게 좋은가요? 181
   돈 되는 경제기사 | 주가 조정기, 부자들의 선택은?
31. 적립식 펀드의 실전투자 기법에 대해 알려주세요 189
32. 적립식 해외 펀드는 어떻게 투자해야 하나요? 197

5부 대박나는 펀드에 돈을 묻어라!

33. 이름값 하는 대표 펀드가 좋은가요? 204
   돈 되는 경제기사 | 인도 펀드, 다시 믿어도 되겠니?
34. 미인 중에 미인을 뽑아 투자하라는 말이 무슨 뜻이에요? 210
35. 외국인이 투자한 종목에 투자해도 되나요? 216
36. 업종별 1등 주식에만 투자하는 펀드도 있나요? 219
   돈 되는 경제기사 | 내 성격에 맞는 펀드는 없을까?
37. 글로벌 기업 삼성에 투자하라뇨? 225
38. 중국 펀드에 투자해도 될까요? 229
   돈 되는 경제기사 | 주가 추락 때도 펀드로… '개미들의 돌진' 왜?
39. 왜 대형주보다 중소형주가 장기적으로 수익률이 높은가요? 236
40. 어린이 펀드에 투자하는 게 좋은가요? 241

등장인물

우 팀장
펀드 전문가로 실전경험이 많음

남 과장
동료 동기생 중에 가장 빠른 진급을 한 대기업 과장으로 노후대책으로 펀드투자처를 찾고 있음

송 대리
남 과장의 직장 동료로 펀드에 투자해 재미를 보았음

나 장미
결혼자금을 위해 펀드에 투자할 예정

1부

펀드란?

ESTMENT

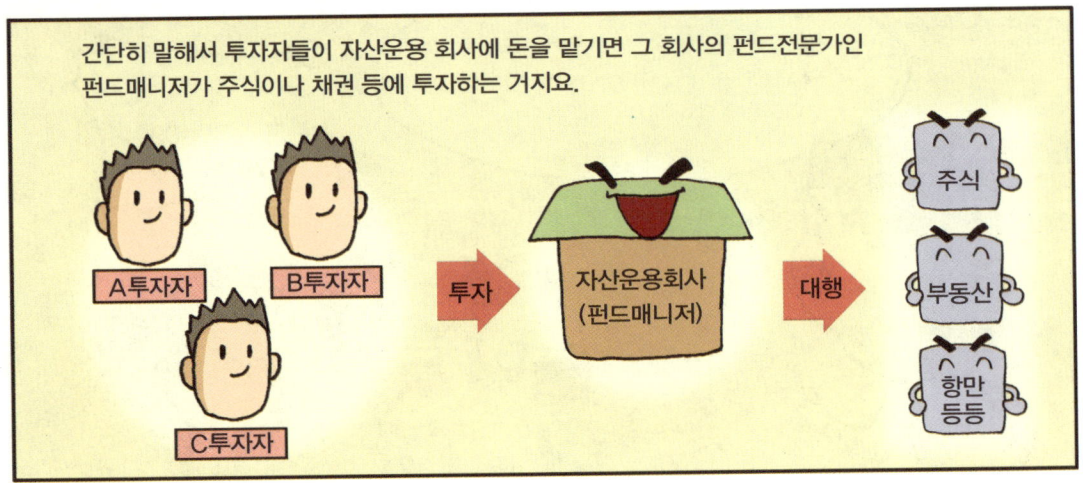

개미가 곰을 만났을 때 밟히지 않으려면?

정글 증시에서 살아남는 '개미들의 펀드수칙'

올해 주식시장엔 온갖 동물들이 나타나고 있다. 먼저, 가장 익숙한 동물로 '황소'와 '곰'이 있는데 이들은 각각 강세장과 약세장을 의미한다. 황소가 뿔을 올려치며 공격하는 모습이 상승하는 장세와 비슷하고 곰이 양손을 아래로 내리치며 공격하는 모습이 약세장과 비슷해서 붙여진 말이다. 그런데 요즘엔 '사슴'이 등장했다. 이는 중국 증시가 하루에 7~9퍼센트씩 폭등하거나 폭락하는 모습이 펄쩍펄쩍 뛰는 사슴과 닮았다고 해서 붙여진 말이다. 우리나라 증시를 예로 들면, 연초에는 곰(약세장)이 어슬렁거리더니 4월부터 황소(강세장)가 완전히 시장을 장악해 거센 모래바람을 일으켰다. 그런데 지금은 다시 곰이 고개를 내밀어 황소를 몰아내는 형국이다. 물론 중간중간 펄쩍 뛰는 사슴(급등락장)이 출몰해 투자자들의 간담을 서늘하게 만들기도 했다. 하지만 어느 동물에게나 천적이 있듯이 각 장세마다 비교적 강한 모습을 보여주는 펀드들이 있다. 증시는 언제 어떻게 변할지 정확히 예측할 수 없기 때문에 이러한 펀드에 분산 투자해 놓는 것이 좋다. 그렇게 하면 어떤 동물이 나타난다 해도 침착하게 대응할 수 있을 것이다.

황소가 나타났다 - 강세장에선 성장형 펀드를 …

주식시장에서 황소는 누구에게나 사랑받는 존재다. 황소장에서는 어떤 펀드라도 좋은 수익률을 올리기 때문이다. 하지만 이 와중에도 평균보다 더 높은 수익률을 기록하는 펀드가 있다.
① 주식의 비중이 높은 성장형 펀드와
② 성장 가능성이 높은 주식에 투자하는 성장주 펀드가 바로 그것이다.

펀드의 종류를 나누는 기준으로 '주식 편입 비중'이라는 것이 있다. 펀드평가사 제로인은 주식의 비중이 70퍼센트 이상인 것을

'성장형', 40~70퍼센트를 '안성형', 10~40퍼센트를 '안정형'으로 구분하고 있다. 만약 앞으로 황소장이 계속될 것이라고 생각하는 투자자는 주식 비중을 높게 가져가는 펀드에 가입하면 된다. 또는 성장성이 돋보이는 주식에 투자하는 '성장주' 펀드도 고려해볼 만하다. 성장주 펀드는 가치주 펀드와 반대되는 개념이다. 가치주 펀드가 실제 기업 실적에 비해 저평가된 주식에 투자하는 것이라면, 성장주 펀드는 미래에 크게 성장할 신기술이나 성장 기회를 갖고 있는 주식에 투자하는 것이다. 성장주 펀드는 경기 상승 시 시장보다 빠른 속도로 수익률이 올라가는 장점이 있지만, 반대로 경기 하강 시 수익률의 하강 속도가 빠르다는 단점도 있다. 대표적인 성장주 펀드로는 한국투자증권의 '한국네비게이터주식'이 있다.

곰이 나타났다 – 약세장에선 가치주·배당형 펀드를 …

언제나 장이 좋을 수만은 없다. 주식시장에 곰이 나타나면 투자자들은 언제까지 이런 장세가 계속될지 불안해하기 마련이다. 그런데 장이 주춤한다고 성급하게 펀드를 환매해서는 안 된다. 좀더 시간을 두고 지켜보는 것이 좋다. 약세장에서 비교적 선방하는 가치주 펀드나 최소한의 배당이익을 거둘 수 있는 고배당주 펀드에 가입한 상태라면 더더욱 참고 기다리는 것이 좋다.

최근 코스피지수가 하락한 와중에도 플러스 수익률을 올린 펀드들이 있는데 대부분 가치주나 배당형 펀드들이었다. 대표적인 펀드로는 동양투신운용의 '동양중소형고배당주식' '동양밸류스타주식' 펀드, SEI에셋자산운용의 '세이가치형주식' 펀드 등이다. 메리츠증권의 박현철 연구원은 "가치주 펀드들은 시장의 움직임에 민감하게 반응하지 않기 때문에 주가가 떨어지는 상황에서도 수익률을 유지하는 방어적인 성향을 가지고 있다"고 말했다.

사슴이 나타났다 – 급등락장에선 상장지수 펀드를 …

주식시장에 사슴이 나타날 때가 가장 당혹스럽다. 예측하기가 그만큼 어렵기 때문이다. 이럴 때는 추가로 펀드에 가입하지 말고 그냥 '가만히 있는 것'이 좋다.

그럼에도 불구하고 투자를 원한다면 ETF(상장지수 펀드)를 고려해 볼 만하다. ETF는 KRX100이나 코스피200 같은 특정 주가지수와 연동돼 동일한 수익률을 얻을 수 있도록 설계된 펀드를 말한다. 또한 증시에 상장돼 있어 일반 종목과 똑같이 거래된다. 다시 말해 가입하거나 환매할 때 2~3일 뒤의 기준가가 반영되는 일반 펀드와 달리, 실시간으로 사고 팔 수가 있어 시장 상황에 빠르게 대처할 수 있다. 게다가 운용보수가 일반 펀드에 비해 저렴하다는 장점도 있다.

조선일보 2007.8.16.
(신지은 기자)

# 2. 펀드투자는 간접투자인가요?

앞에서도 말씀드렸지만

펀드는 당연히 간접투자 상품입니다.

직접투자란 투자자가 직접 주식이나 채권 등에 투자하는 것을 말합니다.

예를 들면, 증권회사에 계좌를 만들어 자신이 직접 원하는 주식을 산다든가

채권에 투자하여 수익을 올리는 걸 말하죠.

펀드투자는 전혀 위험하지 않나요?

내 인생은 대박인생!

펀드에 투자하면 100% 손해는 안 보겠지요?

아닙니다~ 손해를 볼 수도 있습니다.

펀드투자는 다른 투자보다 위험요소가 적을 뿐입니다.

예를 들어, 주식에 직접투자해서 주가가 올라 수익을 냈다면 다행이지만

그렇지 못한 경우에는 큰 손해를 입을 수도 있겠지요.

4 펀드도 예금자보호를 받을 수 있나요?

5 펀드는 종류가 몇 가지인가요?

장미 씨! 우리나라에는 펀드가 몇 개나 되는 줄 아세요?

잘난 척!

앞에서 팀장님이 말씀하셨잖아요. 어디 갔다오셨나요?!

하하하~ 그랬지, 참!

투자자들이 투자한 엄청난 돈은 각 규정대로 펀드에 투자됩니다.

이 많은 돈을 어디에 투자할까?

수익률이 많은 곳에 투자해주세요.

선진국들의 펀드투자는 어떤가요?

버핏의 '배짱'을 흉내내라!

- 증시 활황시대… 미국 주간지 '버핏 투자 6계명' 소개
- "단기매매 삼가고 될성부른 종목 장기 보유하라"

전세계 증시가 활황이다. 미 시사주간지《U. S. News & World Report》는 주식투자 초보자들을 위해 "워런 버핏처럼 520억 달러를 모을 순 없겠지만 이 대가를 흉내낼 수는 있다"면서 그의 6가지 투자 원칙을 소개했다. 미 투자회사 Berkshire Hathaway의 워런 버핏 회장은 저평가된 주식(가치주)에 투자해 장기 보유하는 투자법으로 유명하다.

1. 투자시점을 기다려라

미처 투자하지 못한 현금이 있더라도 느긋하게 기회를 기다려야 한다. 미국 내 가치주 펀드들의 평균 현금 보유 비중은 4퍼센트지만, 버핏은 18퍼센트를 가지고 있다. 버핏은 보스턴 레드삭스의 전설적인 슬러거 테드 윌리엄스의 말을 자주 인용한다. "좋은 타자가 되려면 치기 좋은 공을 기다려야 한다."

2. 투자할 땐 배짱을 부려라

펀드 평가사 모닝스타에 따르면 가치주 펀드매니저는 평균 146개 종목에 투자한다고 한다. 그러나 버핏은 그것의 3분의 1 수준인 45개 종목에만 투자하고 있다. 또한 투자금액의 90퍼센트는 10개 종목에 집중돼 있다. 버핏의 원칙은 "스윙(단기 매매)을 많이 하지 말라"이다. 즉, 될성부른 종목에 집중 투자해 장기 보유하란 얘기다.

3. 기업 이익에 혹하지 말라

증시는 기업 실적에 민감하게 반응한다. 따라서 당기 순이익을 발행 주식수로 나눈 EPS(주당 순이익)가 투자의 기준으로 자주 쓰인다. 그러나 버핏은 EPS대신 ROE(자기자본이익률)를 투자의 척도로 삼는다. ROE는 당기 순이익을 자기자본으로 나눈 값으로, 기업이 자기자본으로 얼마를 벌었는지를 보여준다. 버핏이 투자한 종목들의 ROE는 모두 15퍼센트가 넘는다.

4. 독점기업을 사랑하라

버핏은 장기적 경쟁력을 가진 독과점기업을 선호한다. 버핏이 보유한 종목 중 코카콜라가 대표적이다. 반면 IT 같은 장기적 전망이 힘든 기업 주식은 기피한다.

5. 기업의 미래를 보라

버핏의 스승이자 '가치투자의 아버지'로 불린 벤자민 그레이엄은 "저평가된 종목엔 무조건 투자하라"고 가르쳤다. 그러나 버핏은 저평가 여부뿐 아니라 주식의 질도 중시한다. 그래서 그는 향후 25년 동안 성장할 수 있는 잠재력을 지닌 회사를 발굴하기 위해 애쓴다. 월가에는 "그레이엄은 가치투자의 '바이블'을 썼고, 버핏은 이를 가장 잘 해석했다"는 말이 있다.

6. 잃지 말라

버핏이 자주 하는 말이 있다. "투자의 제1원칙은 돈을 잃지 않는 것이고, 제2원칙은 제1원칙을 잊지 않는 것이다." 버핏의 가장 큰 자랑은 1965년 이래 자신의 투자사 버크셔해서웨이의 가치가 떨어진 적이 단 한 차례(2001년)밖에 없었다는 것이다.

조선일보 2007. 7. 31.
(이용수 기자)

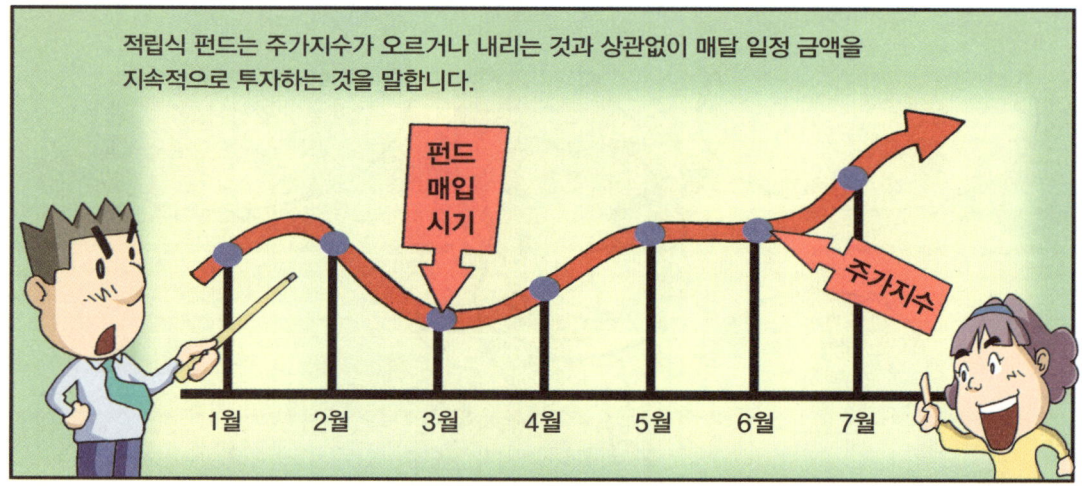

적립식 펀드와 거치식 펀드

적립식 펀드 : 일정기간(매월)마다 일정금액을 장기적으로 투자하는 것이다. 매입단가 평준화 효과로 위험을 줄일 수 있다.

거치식 펀드 : 기간에 상관없이 목돈을 투자하는 것으로 주가가 떨어지면 손해를 볼 수 있다. 반대로 주가가 갑자기 상승하면 적립식보다 수익률이 높다는 장점이 있다.

펀드명	운용사	판매수수료	보수
한국삼성그룹적립식주식 CLASS A	한국투신운용	–	2.40%
삼성우량주장기 CLASS A	삼성투신운용	1% (후취)	2.55%
대한 First Class 에이스	대한투신운용	–	2.45%
미래에셋인디펜던스1	미래에셋자산운용	–	2.50%
미래에셋디스커버리1	미래에셋자산운용	1% (선취)	1.09%
미래에셋3억만들기솔로몬주식1	미래에셋투신운용	–	2.50%
피델리티코리아주식형자(A)	피델리티운용	1% (선취)	1.868%
CJ행복만들기주식1	CJ운용	–	2.54%
신영마라톤주식	신영투신운용	–	1.55%
PCA업종일등주식D-1 CLASS A	PCA운용	1% (선취)	1.345%
랜드마크1억만들기주식1	랜드마크운용	–	2.54%
미래든적립식주식1	SH자산운용	–	2.50%
Pru나폴레옹정통액티브주식1	푸르덴셜운용	–	3.00%

 **여기서 잠깐!**

펀드 수수료를 절약하는 세 가지 방법

1. 판매수수료가 있는 펀드를 골라 1년 이상 투자하라. 판매수수료가 있는 펀드는 보수가 낮아서 장기투자할 때 수수료가 낮아지는 장점이 있다.
2. 멀티클래스 펀드에 투자하라. 이는 투자 기간과 금액에 따라 다양한 수수료와 보수체계가 적용되므로 장기투자 시 유리하다.
3. 수수료가 저렴한 인덱스 펀드에 가입하거나 상장지수 펀드에 투자하라.

9 펀드투자를 왜 마라톤에 비유하나요?

펀드투자의 핵심전략

1. 시장의 상황이나 투자타이밍이 돈을 벌어주는 것이 아니라 시간이 돈을 벌어준다는 걸 잊지 마라.
2. 시간은 언제나 나의 것이다. 참고 기다리면 당신의 펀드수익률은 올라간다.

'그룹주 펀드', 업종을 먼저 봐야

올 들어 해외 펀드를 중심으로 테마 펀드 출시가 봇물을 이뤘다. 삼성운용의 '물(워터) 펀드'에는 1조 원이 넘는 자금이 몰렸다. 이처럼 최근에는 대체에너지 펀드 같은 미래 환경문제를 테마로 한 펀드들이 많이 출시되고 있다.

국내 주식형 펀드 중에도 테마 펀드가 있다. 그룹주 펀드와 SRI 펀드(기업의 지속 가능성을 평가해 투자하는 펀드)가 바로 그것이다. 그런데 SRI 펀드는 투자 대상이 다른 주식형 펀드와 확연히 구분되는 게 아니기 때문에 국내 주식형 펀드 중 테마성이 뚜렷한 펀드는 그룹주 펀드 정도라고 볼 수 있다.

그룹주 펀드의 시초는 2004년 처음 출시된 '한국삼성그룹주 펀드'다. 2년여 만에 수탁고가 2조 원을 넘었다. 올 초에는 '미래5대그룹주 펀드' 'CJ지주회사 펀드' 등 넓은 의미의 그룹주 펀드가 출시되면서 수탁고가 4조 원에 육박하고 있다.

그룹주 펀드의 장점은 특정 우량 그룹에 한정해 투자하기 때문에 비교적 펀드 구조를 이해하기 쉽고 장기 성과에 대한 예측 가능성이 높다는 점이다. 또 다양한 업종의 대표 종목에 투자한다는 장점도 있다.

그룹주 펀드의 현황

펀드명	수익률(%) 1개월	수익률(%) 3개월	투자 전략
한국삼성그룹주 펀드	-15.30	6.22	삼성그룹주에 50% 이상 투자
CJ지주회사 펀드	-15.55	6.22	우량자회사를 갖고 있는 상장지주회사에 투자
미래5대그룹주 펀드	-14.22	3.39	5대 그룹 소속 사장계열사에 투자
한국삼성그룹리딩플러스 펀드	-14.27	6.28	삼성그룹 14개 기업과 업종 1위인 14개 리딩기업에 투자
우리SK그룹주 펀드	-14.20	12.09	SK그룹 계열사 주식 및 포스코와 대표 우량주에 집중 투자

그런데 그룹주 펀드라고 해서 반드시 해당 그룹에만 투자하는 것은 아니다. 특정 그룹주 내지 특정 유형 주식군에 50퍼센트 정도를 투자하지만 나머지는 다른 우량주에 투자한다. 계열사의 업종이 다양하지 않은 그룹이더라도 우량주 위주로 분산 투자가 가능하도록 하기 위해서다. 한국증권에 따르면 그룹주 펀드 중 주요 그룹에 투자하는 펀드는 코스피지수와 상관관계가 높지만, 다양성이 떨어지는 그룹에 투자하는 펀드는 코스피지수와 상관관계가 낮다고 한다. 따라서 그룹주 펀드에 투자할 때는 해당 펀드의 투자 업종 내역을 살펴봐야 한다.

박승훈 한국증권 펀드 애널리스트는 "그룹주 펀드가 곧 우량주 펀드라고 인식하기보다는 특정 테마를 표방한 주식형 펀드로써 장기 성과를 높이기 위한 다양한 유형의 펀드 중 하나로 봐야 한다"고 말했다.

조선일보 2007.8.22.
(전수용 기자)

2부

펀드투자에 관한
오해와 진실

현재수익률이 높은 펀드가 좋은가요?

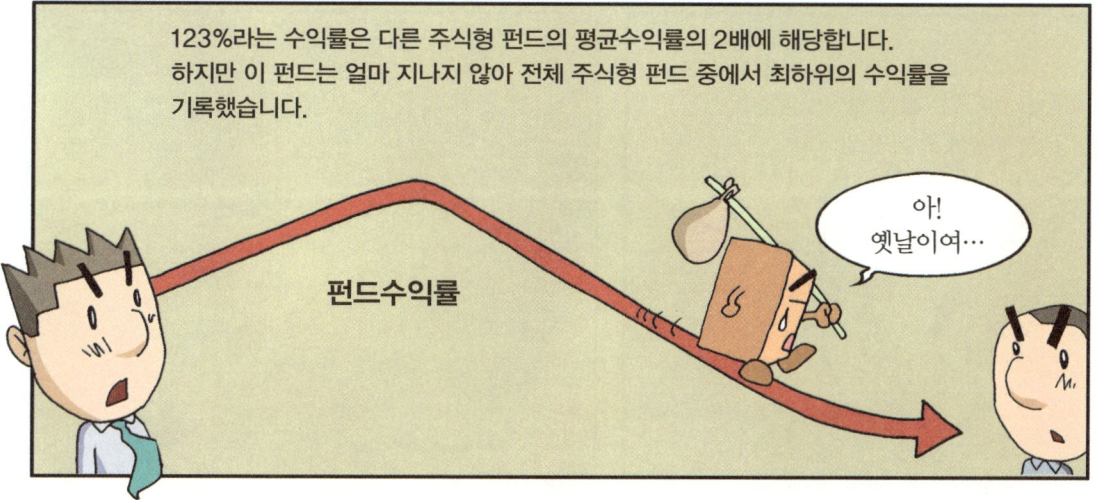

수익률이 좋은 펀드?

1. 현재 수익률이 높은 펀드라고 해서 무조건 믿는 것은 좋지 않다.
   미래를 보고 장기 투자한다는 원칙을 가지고 세심하게 가입한다.
2. 가입한 펀드가 운용스타일이 비슷한 다른 펀드보다 6개월 이상 수익률이 저조하다면
   과감하게 환매하거나 수익률이 좋은 펀드로
   갈아타는 것이 좋다.

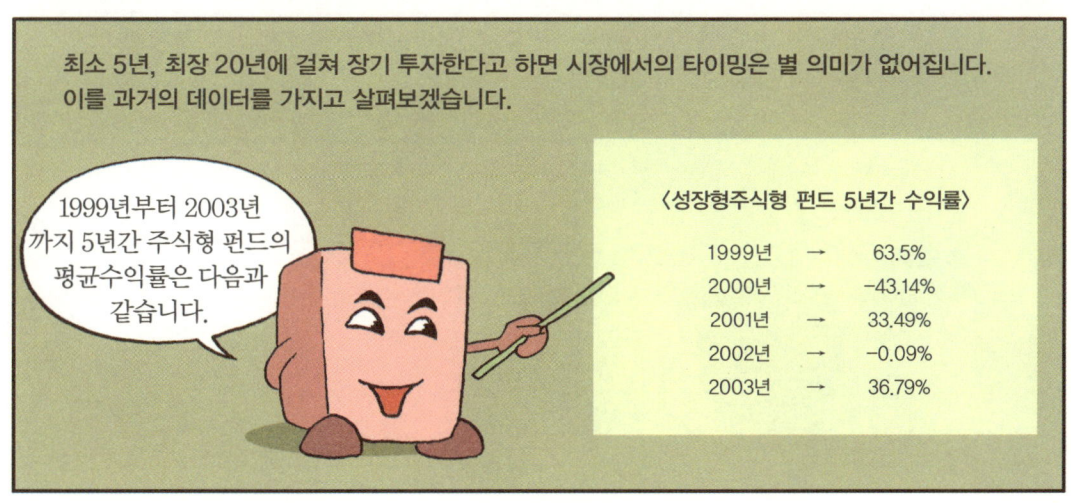

펀드 판매자가 하는 일은 뭔가요?

여러분이 펀드에 가입하기 위해서는 금융기관을 찾아가야 합니다. 그곳에 가면 전문적으로 펀드를 판매하는 직원이 있습니다.

펀드 판매직원은 투자를 하려는 사람의 금융관계나 재무관계 그리고 계획 등을 고려해 고객에게 알맞은 펀드를 권하게 됩니다. 또한 수많은 펀드 중에서 가장 좋은 펀드를 고를 수 있도록 전문적인 지식을 제공합니다.

따라서 어떤 판매자를 만나느냐에 따라 투자수익률이 달라집니다. 때문에 펀드 판매자를 고르는 일은 매우 중요합니다.

참고로 여러분이 상담 받은 펀드판매자를 통해 펀드에 가입했다면 판매수수료를 지불해야 합니다. 펀드에 가입하면 여러 가지 수수료를 부담하게 되는데, 이 펀드판매 수수료가 가장 큰 비중을 차지합니다. 그러므로 펀드에 투자할 때는 많은 부분을 점검하고 투자하는 것이 좋습니다.

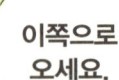

폭락 증시… 리스크 줄이는 방법 없을까요?

"성투하세요!"

'성투'는 '성공 투자'의 줄임말입니다. 하루하루 오르락내리락하는 주가에 울고 웃는 직장인과 투자자들 사이에서 오가는 말이지요.

최근 미국에서 불어온 금융 위기 불안감 때문에 주가가 잠시 소강상태를 보이고 있지만, 지난 몇 달 동안의 주가 상승은 많은 사람들의 관심을 주식시장으로 끌어모았습니다. 주식에 투자한 많은 사람들은 날마다 기록을 경신하는 코스피지수로 인해 행복해했죠. 그런데 과연 '성투'하는 방법이 따로 있는 걸까요. 오늘은 경제학에서 말하는 효과적인 주식시장 투자 전략을 살펴보도록 하겠습니다.

시장과 함께 가라

"주식시장과 함께 가라." 이 말은 금융경제학에 대한 공헌으로 노벨상을 탄 해리 마코위츠와 머튼 밀러가 외쳤던 구호입니다. 쉽게 말해 주가지수가 오르는 것만큼 수익률을 얻을 수 있도록 자산을 배분하라는 충고이지요. 그럼 수학적으로 주가지수가 오르는 만큼 수익률을 올릴 수 있는 가장 손쉬운 방법은 무엇일까요?

바로 주식시장에 나와 있는 모든 개별 주식을 이들이 전체 주식시장에서 차지하는 비중대로 매입하는 겁니다. 예를 들어, 주식시장에 100개 기업이 상장되어 있고 내가 주식시장에 투자할 수 있는 자산이 1억 원이라고 가정해 봅시다. 이 1억 원을 가지고 100개 기업의 주식을 모두 사되, 기업이 주식시장에서 차지하는 비중만큼 분산투자하면 주가지수가 오르는 만큼 자신의 수익이 오를 수 있습니다. 이를 전문적인 용어로 '시장 포트폴리오'라고 부른답니다. 시장 포트폴리오를 따르는 투자자는 주식시장 투자자 중 적어도 평균 수익률을 올리는 셈이 됩니다. 위험을 기피하는 인간의 본성을 감안할 때, 항상 평균적인 투자성과를 보장해준다는 것은 충분히 매력적인 투자전략이 되겠죠.

가능하지 않을 것 같은데요?

글쎄요. 개념상으로는 앞에서 말한 시장 포트폴리오를 만드는 것이 그리 힘들어 보이지 않습니다. 하지만 현실적으로 개인이 시장 포트폴리오를 구성한다는 것은 만만치 않을 것 같습니다. 특히 개별 투자자 혼자서 수많은 상장 종목들을 하나하나 거래해 시장 포트폴리오를 구성한다는 것은 여간 어려운 일이 아닙니다. 더구나 개별 기업이 주식시장에서 차지하는 비중은 시시각각 변하기 때문에 거기에 맞춰 시장 포트폴리오를 재구성한다는 것은 개인 투자자 수준에서는 거의 불가능에 가깝습니다. 또한 현실적으로 주식 최소 거래 단위가 정해져 있고, 증권거래세 같은 세금이 있어서 어려움은 더 커집니다.

펀드가 해결책일 수 있어요

시장 포트폴리오의 구성과 관련한 어려움을 극복할 수 있는 방법은 없는 걸까요? 흔히 얘기하는 펀드 관련 상품이 좋은 예가 될 수 있습니다. 펀드는 기본적으로 개별 투자자의 출자금을 종자돈 삼아 펀드매니저가 투자자들에게 사전에 공지한 대로 포트폴리오를 구성하고, 그 성과물을 추후에 투자자들의 출자금 비중에 따라 나누어 주는 투자 상품입니다. 여러 사람의 돈을 모아 투자하기 때문에 투자 대상을 넓힐 수 있고, 거래 비용을 줄일 수 있다는 장점을 가지고 있어요.

물론, 모든 펀드가 시장 포트폴리오를 따르는 것은 아니지만, 투자 목적을 상대적으로 저렴하게 달성할 수 있는 투자 수단이 될 수 있겠죠. 물론 시장 포트폴리오를 그대로 따르는 것이 주식투자의 왕도는 아닙니다. 자기 돈을 투자하면서 "평균만 벌자"는 생각보다 "평균 이상을 해야 한다"고 생각하는 공격적인 투자자도 있으니까요.

조선일보 2007.8.17.
(허석균 · KDI 연구위원)

환매수수료가 면제되는 경우

1. 펀드의 결산이 이루어진 후 재투자된 금액(이익분배금)에 대해서는 환매수수료가 면제됩니다.
2. 만기일이 지나서 환매하는 적립식 펀드의 경우, 직전 3개월 이내에 불입한 투자금액에서 발생한 이익분에 대해서도 환매수수료가 면제됩니다.

13 채권형 펀드는 손실이 나지 않나요?

펀드매니저는 어떤 사람들인가요?

펀드매니저는 자산운용 회사에서 투자자들이 맡긴 자산을 운용하는 전문가를 말합니다. 저평가된 종목이나 우량주들을 발굴하여 장기보유함으로써 좋은 성과를 내려고 애쓰고 있죠. 그래야 자신의 가치나 몸값도 올라가니까요. 그리고 자산운용 회사 내에는 펀드 애널리스트, 위험관리자, 경제전문가들이 함께 일하고 있는데 이들은 펀드투자자들에게 좋은 성과가 돌아갈 수 있도록 함께 노력합니다.

14 변동성이 크면 클수록 수익률도 큰가요?!

홍길동과 김철수의 투자 결과

구 분		홍길동	김철수
투자 원금		1000만 원	1000만 원
투자 기간		5년	5년
연 수익률 /평가 금액	1년차	10% / 1100만 원	15% / 1150만 원
	2년차	10% / 1210만 원	−5% / 1093만 원
	3년차	10% / 1331만 원	20% / 1311만 원
	4년차	10% / 1464만 원	−10% / 1180만 원
	5년차	10% / 1611만 원	35% / 1593만 원
	합계	50%	55%
연 평균 수익률		10%	11%
투자 결과		1611만 원	1593만 원
최종 누적 수익률		61.1%	59.3%

이처럼 장기 투자는 이자가 이자를 낳는 혹은 원금에 투자수익이 재투자되는 '복리효과'를 볼 수 있습니다.

다시 한 번 말씀드리자면, 김철수가 홍길동보다 최종수익률이 낮은 것은

수익률의 변동성이 커서 장기 투자의 핵심인 복리효과를 보지 못했기 때문입니다.

잊지 마세요!

장기 투자가 좋군요!

하하하~ 맞습니다.

남자가 웃는 것도 느끼하게 웃냐~

펀드평가 회사란?

펀드평가 회사는 투자자들이 좋은 펀드를 선택하도록 도와주는 역할을 합니다. 그리고 펀드를 이용한 투자 방법이나 요령 그리고 의견 및 지식들을 전달해줍니다. 펀드평가 회사는

첫째, 수많은 펀드 중에서 유형별로 좋은 펀드의 순위를 만들어 투자자들이 판단하기 쉽도록 만들어줍니다.
둘째, 펀드투자 유망성의 등급을 매기는 일을 합니다.

투자자들은 펀드평가 회사가 공개하는 정보들을 가지고 투자하기 때문에 자산운용 회사들은 긍정적인 평가를 받기 위해 더 좋은 상품을 내놓으려고 노력합니다.

돈 되는 경제기사

"국내는 배당주… 해외는 중국 펀드"

증권맨들에게 물었다 "주식시장이 불안한 지금, 가입하면 좋은 펀드는?"
"장기적으로 위기는 곧 기회 인덱스·테마형 펀드 추천"

주가가 이달 들어 7퍼센트 가량 하락했다. 특히 미국발 호재와 악재로 인해 하루 100포인트 가까이 올랐다가 빠지는 급등락이 계속돼 투자자들의 간담을 서늘하게 하고 있다. 하지만 전문가들은 "주식 시장의 장기 전망은 좋다" "요즘이 기회"라고 입을 모은다. 그렇다면 이런 조정장에서는 어떤 펀드에 가입해야 다리를 쭉 뻗고 잘 수 있을까. 본지 재테크팀은 10개 증권사로부터 '지금 가입하면 좋은 펀드' 1~2개씩을 추천 받았다. 그랬더니 배당주 펀드가 4개, 중국 펀드가 3개, 인덱스 펀드가 3개, 글로벌 테마 펀드가 3개씩 나왔다.

(수익률은 한국펀드평가 제공)

증권사	추천 펀드 이름	추천 펀드 유형
메리츠증권	신영밸류고배당주식 펀드	배당주
	피델리티차이나종류형주식 펀드	중국
대우증권	차세대 e-Fun 인덱스 펀드	인덱스
한국투자증권	한국밸류10년주식형 펀드	가치주
	봉쥬르차이나주식형 펀드	중국
하나UBS증권	오토시스템 펀드	시스템
	유리웰스중소형주인덱스 펀드	인덱스
대신증권	대신지구온난화 펀드	글로벌 테마
	봉쥬르차이나주식형 펀드	중국
현대증권	미래인디펜던스주식형 펀드	우량주
	교보파워인덱스 펀드	인덱스
키움증권	세이고배당주식형 펀드	배당주
	삼성IT강국코리아주식 펀드	IT주
우리투자증권	동부해오름파생상품형 펀드	공모주
	프런티어배당주혼합형 펀드	배당주
푸르덴셜증권	신영밸류고배당주식 펀드	배당주
	글로벌헬스케어주식 펀드	글로벌 테마
삼성증권	알리안츠RCM Baby&Silver 펀드	글로벌 테마
	당신을위한리서치 펀드	대형주

제 2 부 | 펀드투자에 관한 오해와 진실

수익률 날개 단 중국 펀드

해외 펀드 중에서는 중국 펀드를 추천하는 증권사가 가장 많았다. 그도 그럴 것이 이달 들어 전세계 증시가 하락 곡선을 그리고 있지만 중국(상하이종합지수)만은 '나홀로' 13퍼센트 가량 상승하는 괴력을 보였기 때문이다.

동양종합금융증권 오경택 연구원은 "전 세계 증시가 미국의 신용 위축 우려에 불안한 모습을 보이는 반면, 중국은 상대적으로 자유로운 모습을 보이고 있다"고 말했다. 특히 최근 중국 정부가 자국 내 개인 투자자들에게 해외 주식 투자의 길을 열어줌으로써 홍콩 증시까지 반사 이익을 받을 것으로 예상되자 '범凡 중국' 주식이 각광받고 있다.

또한 최근 한달 동안 해외 펀드 중 수익률이 가장 좋은 펀드를 뽑아 봤더니, 역시 중국 펀드가 압도적이었다. 'PCA차이나드래곤A쉐어주식' 펀드가 1개월 수익률 18.2퍼센트를 기록했고, '한화꿈에그린차이나주식' 펀드가 1.7퍼센트 상승해 마이너스 일색인 펀드들 중에서 단연 돋보였다.

그 밖에 중국 펀드들의 수익률은 -1~-5퍼센트까지 다양했는데, 외국인 투자 비중이 높은 홍콩 증시에 얼마나 투자했느냐에 따라 승부가 조금씩 갈렸다.

이 밖에 지구 온난화 방지에 기여하는 기업에 투자하는 '지구 온난화' 펀드, 건강 관련 기업에 투자하는 '헬스케어' 펀드, 글로벌 테마 펀드들도 추천 리스트에 올라왔다. 대신증권 관계자는 "테마형 펀드는 서브프라임모기지(비우량주택담보대출) 파장에서 한 발짝 벗어나 있어 분산투자용으로 고려해 볼 만하다"고 밝혔다.

조선일보 2007. 8. 28.
(신지은 기자)

15. 펀드는 아무데나 가서 가입해도 똑같나요?

 여기서 잠깐!

원금손실이 없는 펀드도 있나요?

은행에서의 예금은 투자위험이 낮은 대신 이자가 적습니다. 그러나 펀드는 상황에 따라 수익률이 은행이자의 10배 이상 될 수 있는 상품입니다. 하지만 주가가 떨어지면 수익률이 낮아져 투자 원금까지 까먹을 수도 있습니다.

펀드는 오래될수록 좋은가요?

우 팀장님, 펀드는 10년이나 20년씩 장기 투자하는 것이 좋은가요?

앞에서도 말씀드렸지만 펀드는 아무래도 단기 투자보다는 장기 투자가 좋습니다.

미국의 경우에는 장기 투자 문화가 정착되어 10년이나 20년씩 장기간 운용되는 검증된 펀드가 많이 있지요.

그렇다면.

오래될수록 좋다는 말씀?!

....

펀드도 분산투자가 필요한가요?

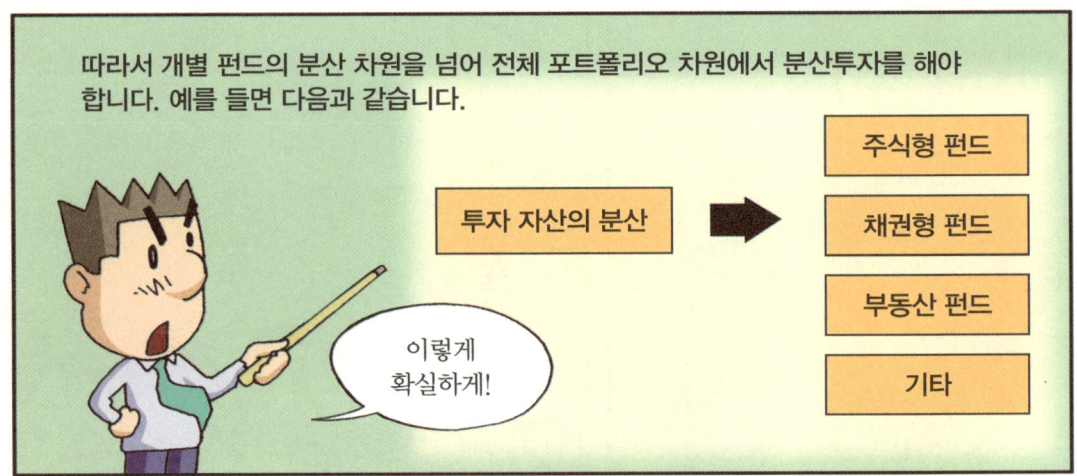

투자 성향별로 본 펀드의 종류

주식형 펀드	대형주 펀드	주식시장에서 시가총액이 높고 대형주에 투자하는 펀드
	가치주 펀드	저평가되어 주가가 낮은 주식에 투자하는 펀드
	중소형주 펀드	우량 중소형주에 투자하는 펀드
	배당주 펀드	배당을 많이 하는 주식에 투자하는 펀드
	그룹주 펀드	재벌기업군에 투자하는 펀드 (LG, 삼성 등)

펀드의 종류는 정말 다양합니다. 잘 살펴보세요.

음…

변덕쟁이 증시에 날개 꺾인 펀드, 좀! 참아야 하느니라

일희일비하지 말고 '펀드 이렇게 굴려라'

요즘 펀드 투자자들은 좌불안석坐不安席이다. 롤러코스트와 같은 주가 급등락으로 펀드 수익률이 하루 사이에 은행 정기예금 금리(연 4~5퍼센트)만큼 오락가락하기 때문이다. 펀드에 새로 가입하려는 투자자들도 고민하기는 마찬가지다. 주가가 단기간에 크게 떨어진 만큼 지금이 투자의 적기로 볼 수도 있지만 추가 하락이 있을지도 모르기 때문이다.

이처럼 증시가 불안정할 때 현명한 투자 전략은 무엇일까. 한 펀드 애널리스트는 "당분간 신문이나 방송 같은 건 신경 쓰지 말고 주식을 아예 잊고 살라"고 말한다. 다른 많은 전문가들의 의견도 비슷했다. 펀드는 장기적인 관점에서 투자하는 것인 만큼 증시의 하루 등락에 너무 신경 쓰지 말라는 것이다.

이미 가입한 펀드는 일단 관망

이미 펀드에 가입했다면 당분간 인내심을 갖고 지켜보라는 게 전문가들의 한결같은 목소리다. 이번 증시 폭락의 원인은 시장 자체(경제 펀더멘털)의 문제가 아니라 외부(미국발 유동성 위축)에 있기 때문에 이런 불안 요소가 사라지면 주가가 안정을 찾을 가능성이 높다는 판단에서다. 이미 주가가 크게 떨어진 상태에서 펀드를 환매하면 그동안의 하락폭만큼 고스란히 손해를 입게 된다는 점도 부담스런 부분이다.

박현철 메리츠증권 펀드 애널리스트는 "작년에 연평균 수익률이 1.6퍼센트밖에 안 됐던 국내 주식형 펀드가 올 상반기에는 40퍼센트 대의 높은 수익률을 올린 것처럼, 지금 당장은 성적이 좋지 않은 펀드일지라도 내년에 높은 수익률을 기록할 수도 있다"며 "과거 수익률만 보고 뒤따라가다가는 더 큰 손실을 입을 수 있다"고 말했다.

펀드 투자 비율은 재점검해야

다만 주가 조정기를 그동안의 투자 전략을 되돌아보는 기회로 삼아야 한다고 전문가들은 말한다. 예를 들어, 펀드 투자를 시작할 때는 국내와 해외 펀드의 투자 비율을 7 대 3으로 잡았는데, 올 상반기에 해외 펀드가 뜬다고 하자 깊은 생각 없이 해외 펀드에 추가로 가입해 투자 비율이 5 대 5로 바뀌었다면, 일부 펀드를 환매하는 방법 등으로 투자 비율을 다시 조정하는 것도 검토할 필요가 있다는 지적이다.

허진영 제로인 펀드애널리스트는 "주가가 크게 오르는 것을 보면서 일부 펀드에 즉흥적으로 가입했다면 현재의 투자 전략이나 비중이 당초 계획과는 달라져 있을 것"이라며 "1년에 한 번씩은 펀드 포트폴리오를 조정해 주는 게 좋다"고 말했다.

위험관리를 잘 하는 펀드를 고르자

요즘엔 펀드에 가입해도 큰 손실을 입을 가능성은 높지 않다는 게 대체적인 평가다. 국내 기업들의 가치에 비해 주가가 너무 많이 떨어졌다는 판단에서다. 그렇지만 최근에는 주가의 변동 폭이 크기 때문에 좀더 신중하게 펀드에 가입할 필요가 있다고 전문가들은 조언한다. 요즘 같은 장에서는 주가하락에도 불구하고 수익률을 잘 지켜낸 펀드에 가입하는 게 좋다. 박승훈 한국증권 자산전략부장은 "위험 관리 능력보다 수익률이 좋은 펀드에 투자했다면 이번에 손실이 컸을 것"이라며 "당분간은 증시가 큰 폭으로 움직일 가능성이 높은 만큼 위험과 수익을 함께 고려해 펀드를 선택해야 한다"고 말했다.

목돈은 여러 번 나눠서 투자하라

적립식 펀드는 언제든지 가입해도 좋다. 적립식 펀드의 성격 자체가 2~3년 동안 매달 조금씩 쪼개 투자하는 것이기 때문이다. 그런데 일반 펀드에 목돈을 투자할 계획이라면, 가입 시기를 여럿으로 분산하는 지혜가 필요하다. 예를 들어, A펀드에 2000만 원을 투자하려 한다면 일주일에 500만 원씩 네 번으로 나눠 가입하는 것이 좋다. 앞으로 주가가 어떻게 움직일지 예측하기 어려운 만큼 펀드 가입 가격을 균등하게 만들 필요가 있기 때문이다.

김학균 한국증권 애널리스트는 "현재로선 주가가 어디까지 떨어질지 정확히 판단하기 어려운 데다 예상치 못한 급락에도 대비해야 한다"며 "투자 시점을 기계적으로 나누는 게 안정적인 투자법"이라고 말했다.

최근 주가 폭락기에 수익률이 가장 좋았던 국내 주식형 펀드 (기간 : 7월 27일~8월 20일)

펀 드	운용사	수익률(%)			
		주가 폭락기	3개월	6개월	1년
한국밸류10년투자연금주식1	한국밸류자산운용	-12.08	11.65	운용기간 미달	
신영밸류고배당주식1CA	신영운용	-13.31	9.55	운용기간 미달	
신영밸류고배당주식1A	신영운용	-13.33	10.27	36.20	60.76
한국밸류10년투자주식1	한국밸류자산운용	-13.33	9.53	운용기간 미달	
신영밸류고배당주식1C1	신영운용	-13.37	9.35	26.64	47.52
한국중소밸류주식C	한국운용	-13.39	운용기간 미달		
BEST알부자적립식혼합1	SH운용	-13.46	2.07	13.69	21.40
프라임배당주식	신영운용	-13.55	8.13	23.57	41.92

※ 주식 편입비율이 70% 이상인 성장형 펀드들 중에 가입금액 100억원 이상인 펀드를 대상으로 함.

자료 : 제로인

조선일보 2007.8.22.
(홍원상 기자)

펀드 애널리스트도 있나요?

각 증권사에 주식을 평가해주는 주식 애널리스트가 있듯이 펀드에도 수많은 펀드를 분석하고 활동, 운용에 도움을 주는 사람이 있습니다. 이런 사람을 펀드 애널리스트라고 합니다.

특별자산 펀드도 있나요?

특별자산 펀드란 보험회사에 대한 특정사업 수익권이나 지상권, 보험금 지급청구권 같은 자산에 투자하는 펀드입니다. 말 그대로 특별한 펀드라고 생각하시면 됩니다. 하지만 아직까지 우리나라에서는 만들어지지 않았습니다. 매우 희귀한 펀드라고 할 수 있습니다.

스타일 ETF로 나만의 투자스타일 연출
특성·성과 비슷한 종목 묶어 투자… 1주식 거래 가능하고 수수료 없어

주가지수 흐름에 따라 수익률이 달라지는 상장지수 펀드(ETF)에 대한 투자자 선택의 폭이 넓어졌다. 지난달 31일부터 가치주나 성장주에 집중 투자하는, 이른바 '스타일 ETF' 8개 종목이 아시아 증시에서는 처음으로 상장됐기 때문이다. 가치주 투자에 매력을 느낀다면 '가치주 스타일 ETF'에, 성장주 전망을 밝게 본다면 '성장주 스타일 ETF'에 투자할 수 있게 된 것이다. 이에 따라 증시에 상장된 ETF는 모두 20개 종목으로 늘어났다. ETF는 지난 2002년에 처음으로 시장 대표지수를 따르는 상품이 상장됐으며 작년 6월에는 은행, 반도체, 자동차처럼 특정 업종지수를 추종하는 '섹터ETF'가 상장됐다.

가치ETF·성장ETF 8개 종목 상장

스타일 ETF는 주식의 특성과 성과(스타일)가 비슷한 종목을 묶어 산출된 별도의 주가지수를 추종하는 상품이다. '가치주 스타일 ETF'는 '가치주 지수'를 추종한다. 이 지수는 주가가 기업의 내재가치보다 저평가된 종목들의 주가를 가중 평균한 것이다. 주가순자산 비율(PBR), 주가현금흐름 비율, 배당수익률 등 여러 지표를 감안해서 주가가 저평가됐다고 판단되는 종목을 모아놓았다.

반면 '성장주 지수'는 성장 가능성이 큰 종목으로 구성된다. 과거 5년 동안의 순이익과 매출액 증가 추이, 앞으로 3년간 순이익·매출액 예상 추이 그리고 내부 성장률 등을 종목 선정 기준으로 삼는다. 이번에 상장된 스타일 ETF는 크게 가치ETF와 성장ETF로 나뉘고, 시가총액에 따라 대형·중형·소형으로 분류된다. 또 가치주와 성장주 두 가지 성격을 함께 갖고 있을 경우 성장ETF와 가치ETF 양쪽 모두로 편입될 수 있는데, 순수 가치ETF는 양쪽 모두 편입된 종목을 제외한 말 그대로 순수하게 가치주만 편입된 ETF다.

현재 상장돼 있는 스타일 ETF는 삼성운용의 KODEX 중대형가치·KODEX 중대형성장·KODEX 중형가치, 미래맵스의 TigerMF500 순수가치·Tiger 중형가치, 우리CS의 KOSEF 대형가치·KOSEF 중형순수가치, 유리운용의 Trex 중소형가치 등 총 8개 종목이다. 한국증권에 따르면 만약 지난 2001년 1월에 스타일 ETF에 투자해 지금까지 보유했다면 연평균 수익률은 중형순수가치 스타일이 45.72퍼센트로 가장 높은 것으로 나타났다. 이어 중형가치(37.62퍼센트)·중소형가치(33.12퍼센트)·대형가치(23.67퍼센트) 순이다. 중형순수가치 스타일이 상대적으로 고수익·고위험의 특성을 보였고, 중대형 성장 스타일은 저수익·고위험의 특성을 보였다.

최근 상장된 스타일 ETF(상장지수 펀드)

종목 명	23일 종가	구성 종모 수	비중 높은 구성 종목
KODEX 중대형가치	4만 5150원	126개	포스코(15.29%) · 국민은행(9.51%) · SK텔레콤(4.20%) · 현대차(4.19%) · 한전(4.09%)
KODEX 중대형성장	2만 8890원	113개	삼성전자(24.53%) · 신한지주(5.21%) · 현대중공업(5.01%) · 하이닉스(3.38%) · 신세계(3.34%)
KODEX 중형가치	9720원	65개	대신증권(5.98%) · 효성(5.53%) · 대우차판매(4.70%) · 금호산업(4.08%) · LIG손해보험(3.50%)
KOSEF 대형가치	4090원	69개	포스코(17.4%) · 국민은행(10.81%) · SK텔레콤(4.79%) · 한국전력(4.72%) · 현대차(4.69%)
KOSEF 중형순수가치	1만 7030원	41개	대신증권(8.83%) · 메리츠화재(7.90%) · 효성(7.21%) · LIG손해보험(7.16%) · 금호산업(6.04%)
TIGER 순수가치	1만 3130원	187개	현대차(4.04%) · 한국전력(3.67%) · KT(3.23%) · 국민은행(2.80%) · LG화학(2.76%)
TIGER 중형가치	9715원	65개	대신증권(5.96%) · 효성(5.48%) · 대우차판매(4.67%) · 금호산업(4.18%) · LIG손해보험(3.49%)
TREX 중소형가치	7410원	240개	대신증권(3.10%) · 효성(2.82%) · 대우차판매(2.35%) · 대한해운(2.31%) · 금호산업(2.28%)

스타일 ETF도 장기 투자가 정답

스타일 ETF는 코스피지수와 전혀 다르게 움직일 수 있다. 따라서 좀더 안전을 중시하는 투자자라면 시장 전체 수익률과 연계되는 정통 인덱스 상품, 예를 들어 KODEX200 ETF에도 자금의 절반 정도를 분산투자하는 것이 좋다.

또 스타일 ETF는 특정 시기에 펀드 기준가와 주가 간의 차이가 발생해 고평가 또는 저평가 현상이 나타날 수 있기 때문에 장기 투자하는 게 좋다. 한국증권 박승훈 펀드 애널리스트는 "스타일별 수익률은 앞으로 시장 상황에 따라 다양하게 나타날 수 있기 때문에 장기적 관점에서 자신의 투자성향을 감안한 투자가 필수"라고 말했다.

주식처럼 사고 팔 수 있는 ETF

ETF는 인덱스 펀드처럼 특정 주가지수 움직임에 따라 수익이 발생하도록 설계된 상품이다. 특정 주가지수는 코스피지수가 될 수도 있고, 대형 우량종목으로만 구성된 코스피200 혹은 특정 업종지수가 될 수도 있다. 이름은 펀드지만 주식시장에 상장돼 있기 때문에 일반 주식처럼 HTS(홈트레이딩 시스템)를 통해 1주씩 쉽게 사고 팔 수 있다. 최근 서브프라임모기지 사태처럼 코스피지수가 급락할 경우, 주식형 펀드를 환매하려면 환매 신청일 이후 2~3일 동안 주가 추가하락 가능성에 대한 위험부담을 안아야 한다. 반면 ETF는 실시간으로 쉽게 팔수 있다는 장점이 있다. 또 주식형 펀드처럼 환매수수료나 운용수수료가 없기 때문에 펀드 중에서 수수료가 가장 저렴하다. ETF의 매매수수료는 0.3퍼센트~0.5퍼센트 안팎으로 비슷한 상품인 인덱스 펀드의 절반 수준이다.

조선일보 2007.8.28.
(전수용기자)

3부

내 성향에 맞는 투자 포트폴리오 짜기

ESTMENT

자신에게 맞는 펀드가 뭐예요?

① 장기 투자가 가능한 20~30대라면 성장형 펀드를 선택해 보세요

② 장기 투자가 가능하다면 인덱스 펀드나 성장지수 펀드를 선택해 보세요

③ 노후자금을 마련하고 싶은 중장년층이라면 안정형 펀드를 선택해 보세요

④ 순수여유자금을 운용하고 싶다면 부동산 펀드나 ELS 펀드를 선택해 보세요

⑤ 주가와 상관없이 꾸준한 수익을 원한다면 채권형 펀드를 선택해 보세요

펀드 환매는 언제하나요?

국내 펀드의 경우 주식시장 마감 시간인 오후 3시 이전에 환매 신청을 하면 오늘(1영업일)의 종가로 산출된 내일(2영업일)의 기준가가 적용됩니다. 그리고 오후 3시 이후에 환매를 하면 내일(2영업일)의 종가로 산출된 모레(3영업일)의 기준가가 적용되고요. 그리고 환매되어 통장에 입금되기까지는 국내 펀드의 경우 보통 4일 정도가 걸린답니다.

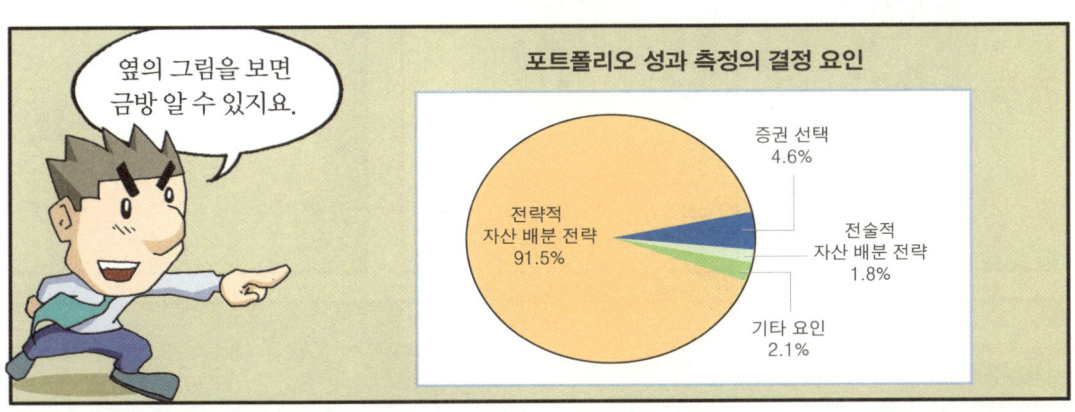

1. 10년 이상의 장기 투자 전략을 세워라

2. 자산 배분은 각 자산의 가치가 다른 방향으로 움직이는 것들로 구성하라

3. 열린 사고로 투자처를 확대하라

4 정기적으로 자신의 자산을 배분하고 재조정하라

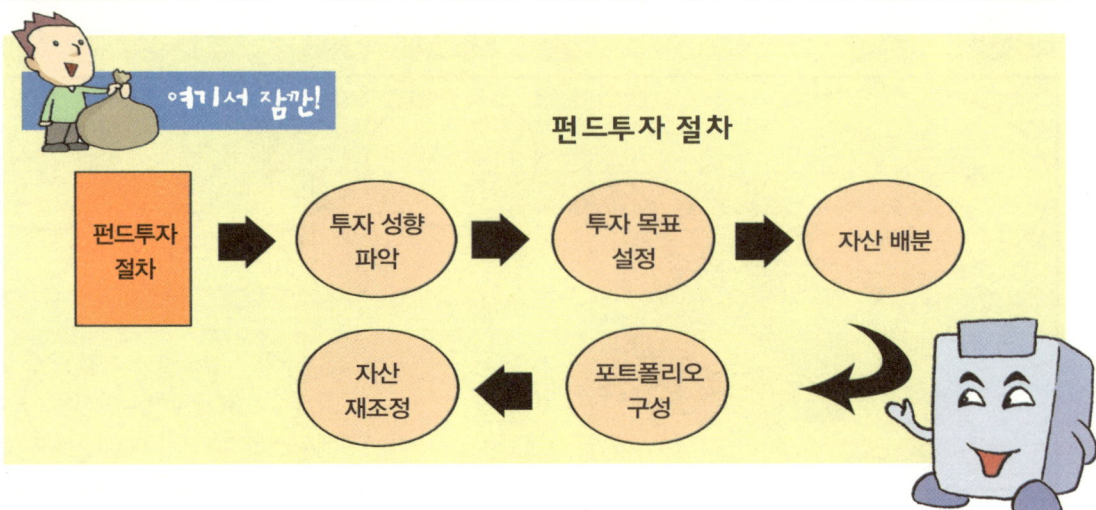

22 내 투자 성향에 맞는 포트폴리오는 뭐죠?

먼저 올바른 자산 배분과 포트폴리오 구성을 위한

투자대상 자산의 개략적 분류가 아래의 표와 같습니다. 참조하세요.

투자대상 자산의 개략적 분류

자산구성	포트폴리오 구성
부동산	아파트
	주상복합
	단독 주택
	상가
예 금	은행
	상호저축은행
주 식	거래소 종목
	코스닥 종목
채 권	국공채
	회사채
펀 드	MMF
	주식형 펀드
	채권형 펀드
	부동산 펀드
	ELS 펀드
	해외 펀드
보 험	보장성 보험
	저축성 보험
	연금 보험

"종합적인 고려사항은 이 도표에 나와 있습니다."

구 분	이자소득형 투자 성향	공격투자형 투자 성향
장 점	낮은 변동성	장기적인 실질자산성장
단 점	인플레이션에 민감	높은 변동성
투자 기간	투자 기간이 단기인 경우	투자 기간이 장기인 경우

자산별 표준성과 예시

자 산	기대수익률	변동성(위험성)	결과의 범위
MMF	4.0%	0.2%	3.8~4.2%
정기 예금	5.0%	0.0%	5.0%
채권형 펀드	6.0%	1.0%	5.0%~7.0%
국내주식형 펀드	15.0%	20.0%	−5.0~35.0%
해외주식형 펀드	12.0%	15.0%	−3.0~27.0%

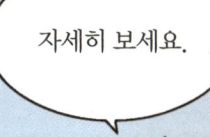

"자세히 보세요."

여기서 잠깐!

투자자가 주식이나 채권에 투자한다면 세금은 얼마나 내나요?

투자자가 주식이나 채권에 직접 투자할 때와 펀드를 통해 간접 투자할 때의 세금은 어떻게 다를까요?
정답은 '똑같다'입니다. 직접투자나 간접투자와 상관없이 세금은 똑같습니다.

"객장의 우왕좌왕 개미들은 들으시오"

형님들의 4인 4색 충고… 지금 고수들은 이렇게 투자한다

요즘 주식 투자자들은 '세계화'를 온 몸으로 느끼고 있다. 어느 한 국가에서 악재가 나오면 그 충격이 나머지 국가들로 전염되는 식의 투자 공포가 글로벌하게 전개되고 있기 때문이다. 한국 증시 또한 미국의 서브프라임모기지(비우량주택담보대출) 부실 우려에 급락했다가 미국 중앙은행인 FRB(연방준비제도 이사회)의 재할인율(중앙은행이 민간은행에 자금을 빌려줄 때 적용하는 금리) 인하 소식에 급등하기도 했다. 방향을 잘못 잡았다간 자칫 국제 미아가 되기 십상이다. 이에 국내 투자자들에게 등대가 되어 줄 세계적인 투자 고수들의 조언을 모아봤다. 이들의 말속에서 힌트를 얻어 보자.(수익률 자료 제공은 한국펀드평가)

채권 투자의 지존, 빌 그로스 (2007년 7월 31일 블룸버그 인터뷰)

"저는 지난달 말에 회사채(기업이 자금을 조달하기 위해 발행하는 채권) 펀드에 150만 달러(약 14억 5000만 원)를 추가로 투자했어요. 요즘은 회사채 펀드가 정말 싸기 때문에 투자의 적기라고 생각합니다. 현재 여러 가지 악재가 동시다발적으로 터지자 투자자들이 겁을 먹고 도망치고 있거든요. 기업들은 자금 마련이 어려워져 당연히 더 높은 금리를 주고 자금을 조달할 수밖에 없겠죠. 현재 회사채 펀드는 무척 낮은 가격에 책정돼 있지만 앞으로는 계속 오를 것이라고 믿습니다."

- 한국식 투자 적용 : 요즘 각광 받는 회사채 상품은 '고수익·고위험(하이일드)' 펀드다. 이 상품은 펀드 자산 중 60퍼센트 이상을 채권에 투자하되 투기 등급 채권에 10퍼센트 이상을 투자한다. 회사채는 기업의 신용도에 따라 등급이 붙는데, 투기 등급 채권이란 등급이 'BB+' 이하인 것을 말한다. 예를 들어, 하나UBS자산운용의 '분리과세 고수익·고위험 채권혼합' 펀드의 최근 3개월 수익률은 4.03퍼센트다.

원자재 투자의 황제, 짐 로저스 (2007년 7월 27일 중국에서 열린 국제회의에서)

"지금 주식시장은 정말 버블(거품) 상태입니다. '조정'이 다가오고 있어요. 최근 5년 동안 큰 하락 없이 오르기만 했거든요. 만약 FRB가 기준 금리를 인하한다면 증시는 조금 반등할 수 있을 거예요. 하지만 결국엔 올해 말이나 내년쯤 가서는 더 하락할 것입니다. 저는 어떤 주식도 사지 않고 있어요. 어떤 사람들은 '지금이 바닥이므로 주식을 사야 할 시점'이라고 말하지만 아직 멀었다고 봅니다. 만약, 주식 투자를 하고 싶다면 중국 주식을 사세요. 특히 환경이나 교육주 중심으로요. 내년에도 주가가 2~3배 뛴다면 그때 파시면 됩니다."

- **한국식 투자 적용**: 고금리 예금으로 잠시 대피해 있거나 중국 관련 펀드에 가입하라. 고금리 예금으로는 연 5.5퍼센트의 금리를 주는 하나은행의 '고단위플러스 정기예금', 연 5.4퍼센트의 금리를 주는 신한은행의 '고객사은 특판 예금' 등이 있다. 연 6퍼센트 이상의 금리를 주는 저축은행도 대안이 될 수 있다. 중국 펀드 중에서는 'PCA 차이나드래곤 A주식' 펀드가 최근 1개월 동안 16.34퍼센트의 수익률을 기록해 단연 돋보였고, '한화꿈에그린차이나주식' 펀드가 -3.42퍼센트의 수익률로 선방한 편이었다.

가치투자의 귀재, 워런 버핏 (2007년 8월 15일 CNBC와의 인터뷰)

"대혼란이 닥쳤을 때야말로 주식을 사들일 때입니다. 최근 주식시장 급락으로 일부 종목이 실제 가치에 비해 낮게 평가되고 있습니다. 이는 정말 매력적입니다. 개인 투자자들의 함정은 시장을 믿지 못하기 때문에 '비쌀 때 사서 쌀 때 파는' 행동을 반복한다는 겁니다. 저희 투자회사 '버크셔해서웨이'는 현재, 뱅크 오브 아메리카(BOA) 등을 비롯한 은행주와 보험업종에 베팅하고 있습니다. 위기를 기회로 만드십시오."

- **한국식 투자 적용**: 가치주 펀드란 실적이나 자산에 비해 저평가된 종목에 투자하는 펀드로 약세장에서 선방하는 것이 특징이다. 실제로 최근 일주일간 코스피지수가 9.3퍼센트 가량 떨어졌는데도 '세이고배당밸런스드60 주식혼합형(-7.09퍼센트)' 펀드나 '신영밸류고배당주식(-8.34퍼센트)' 같은 가치주 펀드는 선방했다.

재앙 예측으로 유명한 마크 파버(2007년 8월 20일 블룸버그 인터뷰)

"제 별명이 뭔 줄 아십니까?. '닥터 둠(Dr.Doom)' 입니다. 바로 '불길한 운명'이라는 뜻이죠. 제가 1987년에 있었던 블랙먼데이를 맞힌 사람입니다. 저는 미국 경기가 이미 불황을 향해 가고 있다고 생각합니다. 경제가 불안할 땐 안전한 자산으로 자금이 몰릴 수밖에 없죠. 국채나 달러 같은 곳으로 말이죠. 특히 달러화 자산의 투자 수익률은 한동안 신흥국가의 자산 수익률보다 높을 것입니다. 물론 그렇다고 달러화 자산이 새로운 고점을 경신하진 않겠지만 말입니다. 신흥국가에서 빠져 나온 자금이 몰릴 테니 당분간은 안전한 투자처가 될 겁니다."

● 한국식 투자 적용 : 달러 가격이 올라간다는 것은 달러 대비 원화 환율이 높아진다는 것을 의미한다. 환율 상승기에는 수입 업체나 자녀를 해외로 유학 보낸 부모의 경우 외화 송금을 가급적 서두르는 것이 유리하다. 혹은 외화예금도 고려해 볼 만하다. 예를 들어, 환율이 달러당 900원일 때 100달러를 입금했다가 환율이 950원으로 올랐을 때 찾으면 5000원의 환차익을 얻을 수 있다.

매 수 워런 버핏
"비쌀 때 사서 싸게 팔려고?
지금은 위기이자 기회"

회사채 빌 그로스
"지구촌 돈이 잔뜩 겁을 먹었어.
회사채 펀드는 계속 오를 거야"

달 러 마크 파버
"난 블랙먼데이를 점찍은 실력.
당분간은 달러가 안전하지"

중 국 짐 로저스
"지금 주식을 왜 사? 정 하고 싶으면 중국에만 투자해"

조선일보 2007. 8. 23.
(신지은 기자)

구체적인 투자 성향별 포트폴리오를 알려주세요

1 이자소득형 : 기대수익률 = 6.2%

바로 앞에서 투자 성향으로는 이자소득형, 안정투자형, 균형투자형, 성장투자형, 공격투자형이 있다고 했지요?

네!

그럼 투자성향별로 포트폴리오를 짜보겠습니다.

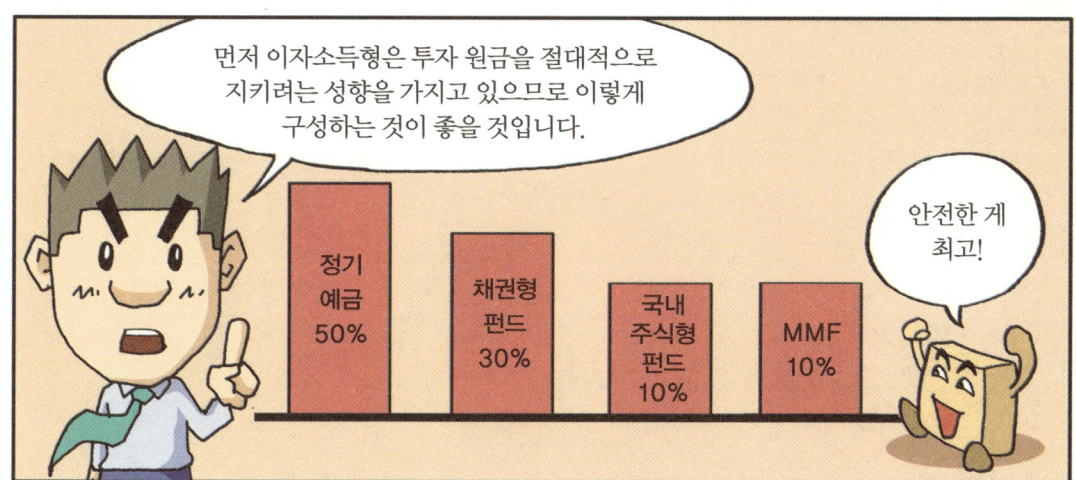

먼저 이자소득형은 투자 원금을 절대적으로 지키려는 성향을 가지고 있으므로 이렇게 구성하는 것이 좋을 것입니다.

정기예금 50%
채권형 펀드 30%
국내 주식형 펀드 10%
MMF 10%

안전한 게 최고!

또한 그에 따르는 성과 예시는 다음과 같습니다.

구 분	구성비율	기대수익률	변동성(위험)	결과의 범위
MMF	10%	0.4%	0.0%	0.4%
정기 예금	50%	2.5%	0.0%	2.5%
채권형 펀드	30%	1.8%	0.3%	1.5~2.1%
국내주식형 펀드	10%	1.5%	2.0%	-0.5~3.0%
포트폴리오 전체		6.2%	2.3%	3.9~8.5%

❷ 안정투자형 : 기대수익률 = 7.2%

안정투자형은 어떤가요?

투자자의 안정성에 중점을 두지만 수익을 높이기 위해 자산의 일부를 변동성이 높은 곳에 투자하죠.

이처럼 안정적인 성향의 투자자에게 적절한 포트폴리오 구성은 다음과 같습니다.

여러분! 눈 크게 뜨고 잘 보세요!

- 정기예금 50%
- 채권형 펀드 30%
- 국내 주식형 펀드 10%
- MMF 10%

❸ 균형투자형 : 기대수익률 = 7.9%

그리고 균형 투자형 포트폴리오 성과 예시는 이 표와 같습니다.

〈균형투자형 포트폴리오 성과 예시〉

구분	구성 비율	기대 수익률	변동성(위험)	결과의 범위
MMF	10%	0.4%	0.0%	0.4%
정기예금	30%	1.5%	0.0%	1.5%
채권형 펀드	30%	1.8%	0.3%	1.5~2.1%
국내주식형 펀드	20%	3.0%	4.0%	−1.0~7.0%
해외주식형 펀드	10%	1.2%	1.5%	−0.3~2.7%
포트폴리오 전체		7.9%	5.8%	2.1~13.7%

이 포트폴리오의 변동성은 5.8%입니다. 최악의 상황에서도 원금손실이 발생하지 않도록 구성되었죠.

노후자금을 마련하기 위해 장기적으로 안정적인 수익을 올리려는 중장년층 투자자에게 적절한 포트폴리오죠.

안정적 수익

여기서 잠깐!

수익증권이란?

수익증권이란 무엇일까요. 투자자라면 펀드에 투자해서 발생한 이익을 분배받을 권리가 있습니다. 수익증권은 이 권리가 표시되어 있는 증권입니다. 즉, 계약형 펀드에 가입한 투자자에게 주는 권리를 말합니다.

❺ 공격투자형 : 기대수익률 = 12.2%

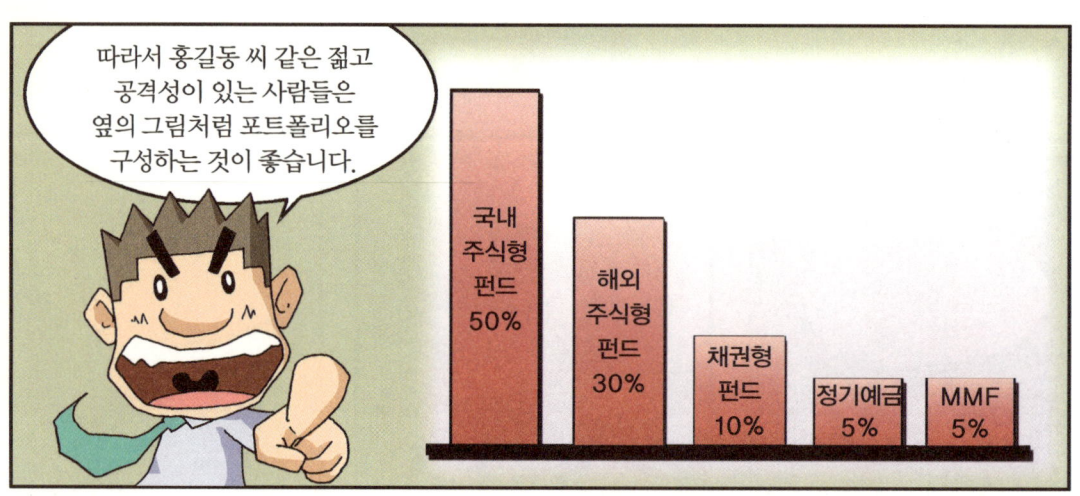

<평균 투자형 포트폴리오 성과 예시>

구분	구성 비율	기대 수익률	변동성(위험)	결과의 범위
MMF	5%	0.2%	0.0%	0.2%
정기예금	5%	0.3%	0.0%	0.3%
채권형 펀드	10%	0.6%	0.1%	0.5~0.7%
국내주식형 펀드	50%	7.5%	10.0%	−2.5~17.5%
해외주식형 펀드	30%	3.6%	4.5%	−0.9~8.1%
포트폴리오 전체		12.2%	14.6%	−2.5~26.8%

부동산 펀드가 무엇인가요?

부동산 펀드는 임대형, 대출형, 혼합형이 있습니다. 임대형은 쇼핑센터나 사무실, 오피스텔 같은 부동산을 사서 임대해주고 임대료를 펀드 투자자들에게 나누어 주는 것을 말합니다. 그리고 대출형은 위에서 말한 부동산 등을 짓는데 필요한 자금을 빌려주고 거기서 발생하는 대출이자 등을 받아 펀드투자자들에게 나눠주는 상품입니다. 마지막으로 혼합형은 임대형이나 대출형을 섞어서 운용하는 펀드를 말합니다.

코끼리 날아오르다

인도펀드의 고공행진

　인도가 되살아나고 있다. 최근 한 주 동안 모건스탠리 캐피털 인터내셔널(MSCI) 신흥국 지수가 2.81퍼센트 상승한 반면 MSCI 인도 주식은 2배 이상인 6.85퍼센트가 상승하는 저력을 과시했다. 이번 서브프라임모기지(비우량주택담보대출) 여파로 충격을 받은 뒤에는 오히려 더 단단해진 모습이다. 이는 중국 증시 다음으로 높은 상승률인 셈이다. 인도 펀드 수익률도 이에 따라 고공 행진이다. 일반 해외 펀드의 주간 평균 수익률(3일 기준)이 4.08퍼센트 오른 반면 미래에셋자산운용의 '인디아 어드밴티지' 펀드는 7.27퍼센트, '미래에셋인디아디스커버리주식' 펀드는 7.06퍼센트의 수익률을 보였다. 또한 피델리티의 '인디아종류형주식' 펀드는 6.47퍼센트, 한국운용의 '월드와이드인디아주식재간접' 펀드는 5.82퍼센트를 기록해 평균 이상의 실적을 보였다.

　특히 인도 증시와 중국 증시에 동시 투자하는 '친디아 펀드'의 수익률은 이보다 1~2퍼센트 포인트씩 더 높다. '미래에셋친디아업종대표리치플랜' 펀드는 8.35퍼센트를 기록했는데 이는 전 세계 '금융 대혼란' 속에서도 중국 증시가 나홀로 상승한 데 따른 것이다. 하지만 인도 증시에 우려가 없는 것은 아니다. 올해 들어 인도 내 정치적 불안정성 때문에 주가가 폭락하는 일이 잦았다. 인도 공산당연합이 인도와 미국 사이의 핵 협정을 지지하지 않겠다고 협박한 것이 투자 심리를 위축시킨 것이다. 이에 따라 지난 7월 24일 사상 최고를 기록했던 인도 뭄바이증시 센섹스지수는 지난달 중순에는 고점 대비 11퍼센트 넘게 떨어졌다. 하지만 메릴린치의 앤드루 홀랜드는 "정치적 문제는 단기적인 충격은 줄지 몰라도 장기적인 전망은 여전히 좋다"며 "인도 증시는 지금보다 연말에 주가가 더 높을 것"이라고 전망했다.

인도 관련 펀드 주간 수익률(3일 기준)

펀드명	운용사	수익률(일주일)
미래에셋인디아어드밴티지주식 1	미래에셋자산운용	7.27
미래에셋인디아디스커버리주식 1 ClassA	미래에셋자산운용	7.06
미래에셋인디아솔로몬주식 3종류	미래에셋자산운용	6.82
피텔리티인디아종류형주식-자(A)	피텔리티운용	6.47
한국월드와이드인디아주식종류재간점 T-1(A)	한국투신운용	5.82
프랭클린인디아플러스주식형-자A	프랭클린운용	5.37

자료 : 제로인

조선일보 2007.9.5.
(신지은 기자)

24. 포트폴리오에 나온 수익률이 사실인가요?

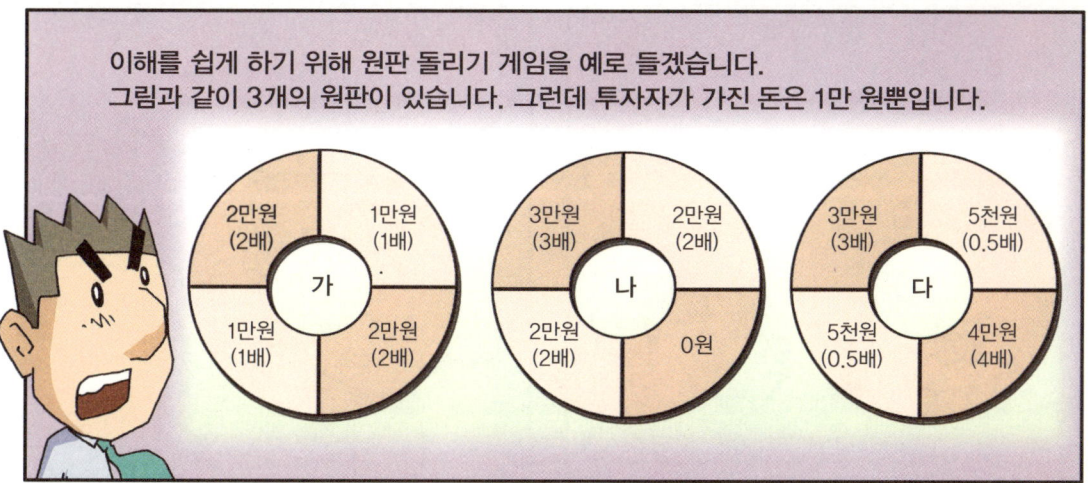

바로 기대수익률과 위험입니다. 기대수익률은 통계학적으로 '평균'으로 나타내고, 위험은 표준편차로 나타내는데 '가' '나' '다'를 계산해 보면 옆의 도표와 같습니다.

구 분	원판 "가"	원판 "나"	원판 "다"
산술평균	1.50	1.75	2.00
분 산	0.33	1.58	3.17
표준편차	0.58	1.26	1.78
기하평균	1.41	0.00	1.32

위의 분석표를 보니 투자 성향에 따라 제각각 선택이 달라지겠는데요?

맞아요.

안정적인 투자를 원하는 사람은 기대수익은 낮으나 위험성이 적은 원판 '가'를 선택할 것이고

고수익을 추구하는 공격적인 투자자는 위험이 있더라도 기대수익이 높은 '다'를 선택하겠군요.

맞아요.

그렇지요!

가치배당이란?

'가치주'라는 말을 들어본 적 있죠? 어떤 기업의 수익성은 아주 좋은데 기업 가치가 저평가돼 낮은 가격에 거래되는 주식을 말합니다. 주식형 펀드 중에서 이런 '가치주'에만 투자하는 펀드도 있습니다. 그리고 배당이라는 말은 어떤 기업이 낸 이익을 투자자들에게 현금으로 돌려주는 걸 말합니다. 주가 하락기에 현금 배당을 많이 하는 주식형 펀드가 인기 있는 것은 이 때문입니다.

과거의 종합주가지수를 토대로 수익률을 내본 적은 없나요?

그런데 우 팀장님!

앞에서는 이자소득형, 안정투자형, 균형투자형, 성장투자형, 공격투자형 같은 투자 성향별 포트폴리오를 살펴봤잖아요?

또 투자 성향별 위험부담과 수익률 수치까지도 알려 주셨구요.

그런데요?

나는 떨어질 때 산다
주가 조정기에 뜨는 펀드들…

최근 보름새 주식형 펀드에 5조 원 추가 유입
미래에셋 등 대형운용사 대표 펀드 인기 "추가하락 대비 해외 펀드 비중 줄여야"

지난 10일 오후 여의도에 있는 한 증권사 영업점. 주가가 전날보다 4퍼센트 이상 급락한 가운데 고객으로부터 전화가 걸려왔다. 그런데 내용은 뜻밖이었다. 주가 하락을 걱정할 것이란 예상과 달리 "주가가 많이 떨어졌으니 2000만 원을 투자할 만한 펀드를 골라 달라"는 부탁이었다. 주가가 하루에 80포인트 이상 가파르게 오르내리는데도 펀드 가입 열풍은 식지 않고 있다. 주가는 코스피지수(옛 종합주가지수)가 2000을 넘은 다음날인 지난달 26일부터 조정 장세를 이어가고 있지만 이 기간(7월26일~8월9일)에 국내외 주식형 펀드로 5조 3040억 원이 추가로 들어왔다. 하루 평균 4820억 원씩 늘어난 셈이다.

지난주에는 유입속도가 다소 둔화되긴 했지만 코스피지수가 70포인트 이상 대폭락했던 지난달 27일과 이달 1일에 주식형 펀드로 각각 7230억 원과 5130억 원의 자금이 몰렸다. 이는 투자자들이 향후 상승가능성을 믿고 자신이 신뢰하는 자산운용사에 '회심의 투자'를 한 것이다. 그렇다면 이 주가 조정기에 어떤 펀드, 어느 자산운용사에 돈이 몰렸을까.

국내 펀드에 많이 가입했나

주가 조정기에 투자 자금이 가장 많이 몰린 자산운용사는 미래에셋자산운용인 것으로 나타났다. 지난달 26일부터 이달 9일까지 가입금액이 가장 많이 증가한 상위 20개 펀드를 조사한 결과 미래에셋이 운용하는 펀드가 6개(가입금 5730억 원 증가)나 포함돼 있어 최고를 기록했다. 이어 KTB자산운용에 2363억 원, 하나UBS자산운용에 1312억 원, 한국투신운용에 1087억 원이 몰렸다.

펀드별로는 'KTB마켓스타주식A'에 투자금이 가장 많이(1339억 원 증가) 몰렸고

'미래에셋디스커버리주식2'(1333억 원)와 '미래에셋디스커버리주식3'(1284억 원)가 그 뒤를 이었다.

판매 상위 20개 해외 펀드들 중에서는 슈로더투신운용에 가장 많은 자금(3266억 원·4개 펀드)이 몰렸다. 그 다음으로 신한BNP파리바투신운용(3089억 원·4개 펀드), 미래에셋자산운용(2492억 원·5개 펀드) 순이었다. 해외 펀드들 가운데 투자자들에게 가장 큰 인기를 끈 펀드는 최근 최고 수익률로 유명해진 '봉쥬르차이나주식2A'인 것으로 조사됐다. 이어 '슈로더브릭스주식A1'(1329억원)과 '미래에셋차이나솔로몬주식1A'(1099억원)가 높은 수익률을 기록했다.

대형 운용사의 대표 펀드가 역시 인기

주식 간접투자자들은 주가 조정기에 그동안 높은 수익률을 기록했거나 규모가 큰 자산운용사에 투자한 것으로 이번 조사에서 드러났다. 이에 대해 펀드 전문가들은 "주가 조정을 하락의 신호로 보기보다 펀드투자의 기회로 보는 것 같다"며 "그런 만큼 과거 수익률이 높은 공격적인 성향의 펀드를 찾는 것으로 보인다"고 말했다.

허진영 제로인 애널리스트는 "큰 운용사의 대표 펀드에 가입하는 것은 손쉬운 투자 방법이 될 수 있지만, 단기적인 시장 상황을 보기보다 본인의 투자 성향과 계획에 따라 전체적인 포트폴리오를 짜는 게 중요하다"고 말했다.

"환매보다는 펀드 투자비중 조절을"

향후 주식형 펀드의 수익률은 미국발 증시 한파로 인해 당분간 지지부진할 가능성이 높다고 전문가들은 관측했다. 하지만 그렇다고 당장 펀드를 환매하는 것은 바람직하지 않다고 입을 모았다. 다만 해외 펀드에 과다한 자금을 집중시켰다면 추가 하락에 대비해 지역 및 투자대상별로 전략을 다시 짜는 게 좋다고 조언했다.

박승훈 한국투자증권 펀드분석팀장은 "주가 조정기를 현재의 펀드 포트폴리오를 재점검하는 기회로 삼아야 할 것"이라며 "테마 펀드나 선진국형 펀드 등 해외 글로벌 펀드에 과다하게 투자한 경우에는 비중 조절이 필요하다"고 조언했다. 박현철 메리츠증권 펀드애널리스트는 "단기 급락은 1년에 몇 차례씩 찾아오기 때문에 펀드 수익률이 떨어지더라도 인내심을 갖고 동요하지 않는 게 바람직하다"며 "오히려 미국의 서브프라임모기지 사태가 해결되면 더 크게 오를 것으로 기대되는 국내 주식형 펀드의 비중을 늘리는 것도 고려해볼 만하다"고 말했다.

주가 조정기에 가장 많이 가입한 국내 주식형 펀드   (기간 : 7월 26일~8월 9일 기준)

펀 드	운용사	설정액 증가 (단위:억원)	수익률(%)		
			3개월	6개월	연초 이후
KTB마켓스타주식A	KTB자산운용	1,339	25.95	45.09	45.53
미래에셋디스커버리주식2	미래에셋자산운용	1,333	21.20	45.23	43.74
미래에셋디스커버리주식3	미래에셋자산운용	1,284	19.99	40.78	40.10
미래에셋솔로몬주식1	미래에셋자산운용	1,095	19.99	45.74	43.57
KTB마켓스타주식C	KTB자산운용	1,025	26.23	-	-
삼성당신을위한리서치주식1A	삼성투신운용	958	25.62	48.18	54.44
미래에셋디스커버리주식	미래에셋자산운용	925	20.08	48.06	46.66
대한태극곤주식자산	하나UBS자산운용	869	26.47	47.67	43.62
신영마라톤주식A	신영투신운용	776	28.79	49.66	48.69
한국삼성그룹적립식주식1A	한국투신운용	752	31.49	46.20	43.87

주가 조정기에 가장 많이 가입한 해외 펀드   (기간 : 7월 26일~8월 9일 기준)

펀 드	운용사	설정액 증가 (단위:억원)	수익률(%)		
			3개월	6개월	연초 이후
봉쥬르차이나주식2A	신한BNP피리비운용	1,638	20.08	26.03	22.69
슈로더브릭스주식A1	슈로더투신운용	1,329	13.56	18.26	19.17
미래에셋차이나솔로몬주식1A	미래에셋자산운용	1,099	22.65	30.23	34.63
피델리티차이나주식A	피델리티자산운용	1,017	-	-	-
슈로더브릭스주식E	슈로더투신운용	903	13.38	17.87	18.68
신한BNP봉쥬르중나미플러스주식A1	신한BNP운용	730	10.05	-	-
라틴아메리카주식A	슈로더투신운용	652	-	-	-
파워엔진BRICs해외재간접1	하나UBS자산운용	620	13.58	20.11	23.73
피델리티차이나주식E	피델리티운용	595	-	-	-
미래에셋아시아퍼시픽인프라섹터1A	미래에셋자산운용	500	17.84	-	-

자료 : 제로인

조선일보 2007. 8. 14.
(홍원상 기자)

4부

적금보다 100배 나은 적립식 펀드

대상 자산 구분			사이클	변동성	특 징
대분류	중분류	소분류			
펀드	증권 펀드	주식형	O	O	▶ 환매 자유로움(90일 이상) ▶ 검증된 펀드 있음
		혼합형	△	△	
		채권형	×	△	
	ETF	KODEX200	O	△	▶ 개별적 투자로 번거로움 ▶ 매도시 거래세 없음
개별 종목	우량주 군	삼성전자 등	△	O	▶ 개별적 투자로 번거로움 ▶ 개별 기업에 대한 위험 노출
	가치주 군	태평양 등	×	△	
	배당주 군	KT&G 등	△	△	

은행 적금과 적립식 펀드투자 비교

구 분	은행 적금	적립식 펀드투자
원금 보장	보장됨	보장 안 됨
이자/수익	확정금리	실적배당
가입 기준	연 단위(1년, 2년 등)	수익률 기준(10%, 20% 등)
중도 해지	가능, 중도해지 이율 적용으로 불이익 큼	가능, 기간에 따라 환매수수료가 부과될 수 있으나 불이익 작음
이자율/수익률 산정 기준	평잔, 실제 수익률은 적금 금리의 약 1/2	원금, 실제 수익률과 같음
운용 내역 점검	불필요	수익률이 매일 변동하므로 수시로 수익률 점검 필요

한국펀드평가의 펀드 등급은 무엇으로 표시하나요?

한국펀드평가는 KFR스타등급이라 걸 만들어 별의 개수로 펀드의 등급을 표시합니다. 유형 대비 펀드 성과에 따라 최고 별 다섯 개에서 최하 별 한 개를 부여합니다. 모닝스타의 평가방법과 비슷한 개념이라고 볼 수 있습니다. 그러나 별표가 5개라고 해서(펀드 등급이 높다고 해서) 무조건 좋은 펀드라고 할 수는 없습니다. 무엇보다 자신의 투자 성향과 맞는 펀드에 투자하는 것이 좋습니다.

매입 단가 평준화 효과란 무엇인가요?

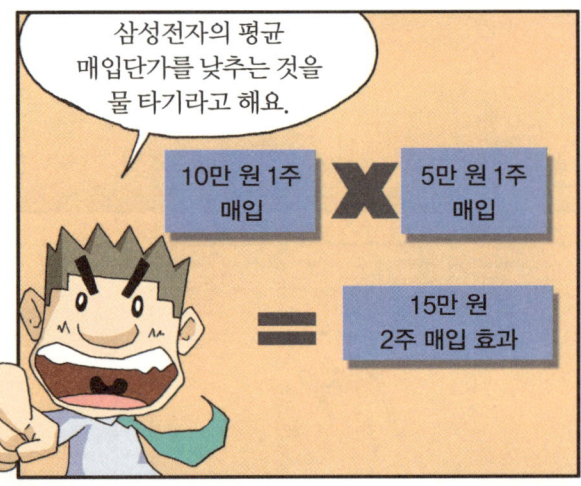

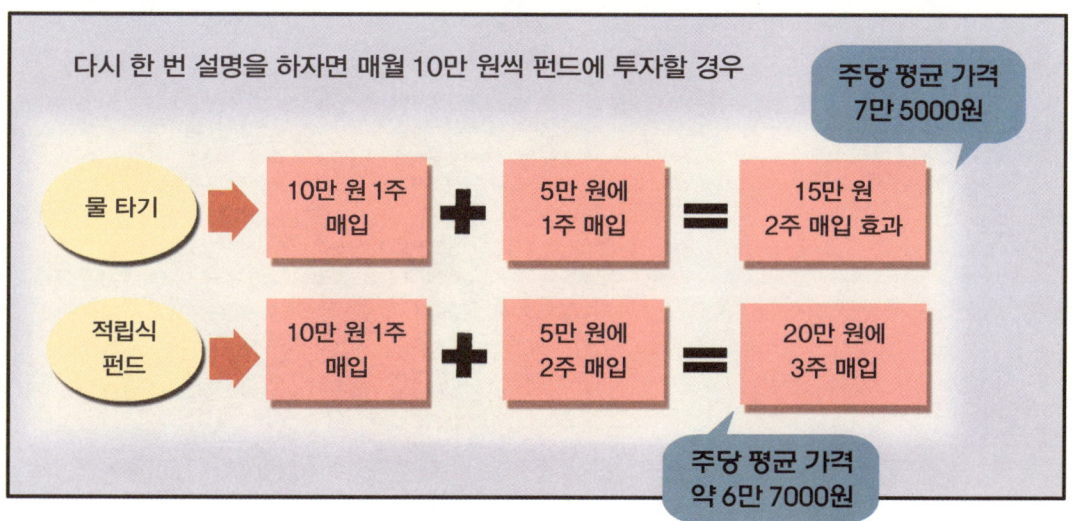

MSCI 지수가 뭐예요?

MSCI 지수는 미국의 투자은행인 모건스탠리가 발표하는 세계주가지수로 Morgan Stanley Capital International의 약자입니다. 또한 세계 49개국 증시의 투자 비중을 정해놓은 지수이기도 합니다. MSCI 지수는 하나가 아니고 지역별, 업종별로 다양합니다. 그 종류가 무려 3000개가 넘습니다. 이 지수는 상장된 모든 주식의 주가를 다 반영하는 것이 아니라 해당국에서 가장 중요한 몇몇 종목의 주가만을 참고해서 지수를 만듭니다.

28. 적립식 펀드투자의 수익률을 결정하는 요소는 무엇인가요?

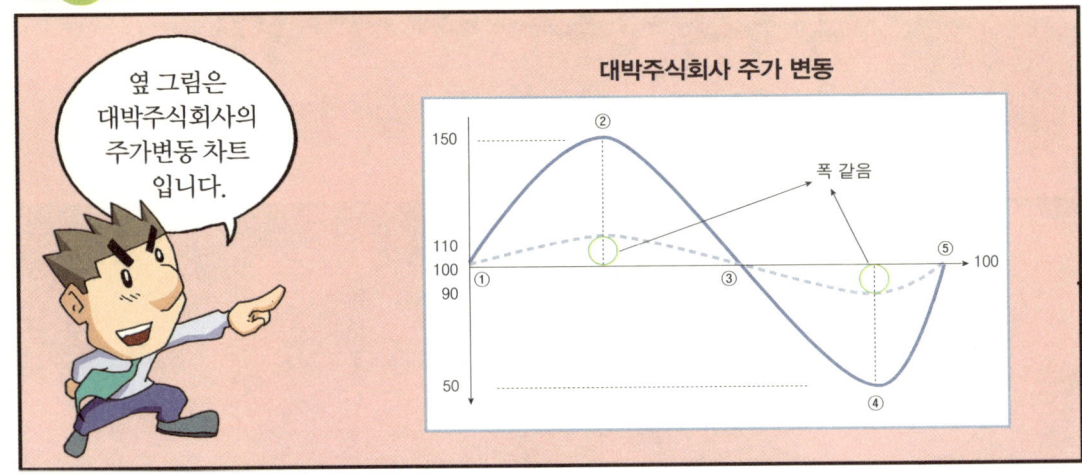

대박주식회사의 수익률 결과

구분	주가	①매입	②매입	③매입	④매입	⑤매도	수익률
점선	110		90주				
	100	100주		100주		401주	0.25%
	90				111주		
	누 계	100주	190주	290주	401주		
실선	150		66주				
	100	100주		100주		466주	16.5%
	50				200주		
	누 계	100주	166주	266주	466주		

위 결과를 보면 알 수 있듯이 주가가 한 사이클을 지나 제자리로 돌아왔을 때

주가의 변동 폭(변동성)이 크면 클수록 수익률이 더 좋아진다는 말씀이군요.

그렇습니다. 즉, 매입 단가 평준화 효과에 의해 주가가 많이 올랐을 때는 적은 수의 주식을 매입하게 되고 주가가 많이 내렸을 때는 많은 주식 수를 매입하게 돼 평균 단가가 낮아지는 효과를 본 것입니다.

❷ 환매시점

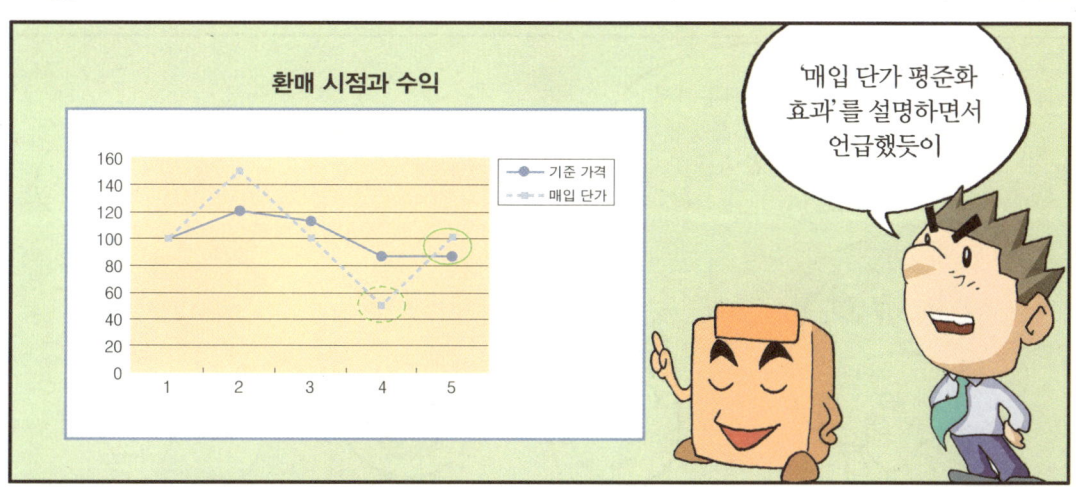

MMF(머니마켓 펀드)는 당일 환매가 가능한가요?

2007년 이전까지 머니마켓펀드(MMF)는 다른 펀드와 달리 당일 환매가 가능했고 당일 입출금도 할 수 있었습니다. 하지만 지금은 익일 매수, 익일 환매로 바뀌었습니다. 대신 수시로 인출이 가능한 CMA(종합자산관리계정)나 수시RP(환매조건부채권)가 많이 활용되고 있습니다.

돈 되는 경제기사

'알짜 해외 펀드'를 찾아라

같은 지역의 해외 펀드라도 수익률 천차만별이라는데…
중국·아시아 펀드, 미래에셋이 으뜸… 죽쑨 일본 펀드는 삼성투신 등이 선전
"지역강점 반영한 펀드에 투자해야"

A은행 최모 과장은 올해 초 중국 펀드에 1000만 원을 투자했다. 중국의 빠르고 강한 경제 성장세가 향후 몇 년간 지속될 것이라고 회사 동료들이 조언했기 때문이다. 그의 판단은 적중해서 8월 들어 세계 증시가 폭락했음에도 불구하고 중국 증시는 꿋꿋이 올랐다. 하지만 그는 며칠 전 동료들과 중국 펀드의 수익률을 비교해 보고는 씁쓸해졌다. 같은 중국에 투자한 펀드인데도 한 동료는 올해 약 50퍼센트의 수익률을 올린 반면, 최씨는 30퍼센트 정도에 머무른 탓이다.

최근 해외 펀드 붐이 일면서 펀드 투자자들은 어느 지역의 펀드에 투자할지를 가장 고민한다. 하지만 그 못지않게 중요한 것이 해당 지역에서 가장 잘 나가는 펀드를 고르는 일이다. 펀드 전문가들은 "자산운용사마다 특정 지역에 강한 '전공'이 있으므로 이를 감안해 선택해야 한다"고 조언한다.

중국 펀드, 미래에셋이 강세

본지가 펀드평가사 제로인에 의뢰해 해외 펀드 133개의 수익률을 지역별로 나눠 비교해 본 결과, 중국 증시에 투자한 펀드 중에는 미래에셋이 운용하는 펀드가 대체로 강세를 보였다. 중국 펀드 수익률 상위 열 개를 뽑아 보니 미래에셋 펀드가 다섯 개, 신한BNP파리바자산운용 펀드가 두 개였다. 반면 KB자산운용과 하나UBS자산운용의 펀드는 하위권에 머물렀다. 신상근 삼성증권 자산배분전략파트장은 "미래에셋은 국내 여느 자산운용사들보다 먼저 홍콩, 싱가포르에 법인을 설립하는 등 현지화에 노력한 것이 주효했던 것 같다"고 말했다. 개별 펀드로는 '한화꿈에그린차이나주식1A'(55.44퍼센트·이하 6월 수익률)와 '미래에셋맵스차이나주식1'(51.28퍼센트)이 가장 높은 수익률을 올렸다. 이계웅 굿모닝 신한증권 펀드리서치 팀장은 "대부분의 중국 펀드들이 홍콩 증시에 투자하는 반면, '한화꿈에그린차이나주식1A'는 중국 본토 증시에 15퍼센트 이상을 투자하는 것이 특징"이라고 말했다.

아시아 펀드, 미래에셋 으뜸

회사원 김모(39)씨는 작년 말 대형 자산운용사가 운용하는 베트남 펀드에 1500만 원을 투자했다. 지명도가 높은 회사라 좀더 안정적이고 높은 수익률을 낼 것으로 기대한 것이다. 그러나 결과는 빗나갔다. 중소형사인 골든브릿지자산운용의 'GB블루오션베트남주식혼합1'이 -1.66퍼센트로 최고 수익률을 기록한 데 비해, 미래에셋맵스자산운용의 '미래에셋맵스오퍼튜니티 베트남주식혼합1'(-7.31퍼센트), 한국투신운용의 '한국월드와이드 베트남혼합1'(-12.16퍼센트)은 상대적으로 저조했다.

골든브릿지가 상대적으로 선전한 이유는 주식을 베트남 증시에 상장되기 전에 값싸게 사들인 데다 주식 투자 비중도 상대적으로 낮기 때문이라고 펀드 전문가들은 분석했다. 베트남을 제외한 홍콩·싱가포르·말레이시아 등 아시아·태평양 펀드 중에서는 미래에셋 펀드가 수익률 1위와 2위, 4위를 차지했다.

일본, 프랭클린·삼성투신이 선전

올해 일본 증시가 저조(3.8퍼센트 하락)했던 탓에 일본 펀드들은 모두 마이너스 수익률을 기록했다. 그러나 프랭클린템플턴투신운용과 삼성투신운용은 상대적으로 선전했다. 일본 펀드 수익률 상위 열 개 중 각각 네 개와 세 개가 포함됐다. 반면, 하나UBS자산운용과 푸르덴셜자산운용의 '하나UBSFC일본주식 해외재간접1클래스C'(-13.33퍼센트), '푸르덴셜일본주식&리츠재간접1C'(-13.22퍼센트)는 수익률이 저조했다.

박승훈 한국투자증권 펀드분석팀장은 "일본 증시의 여러 종목에 고루 투자한 펀드는 수익률을 어느 정도 지켜낸 반면, 중소형주 등 특정 분야에 집중 투자한 펀드는 하락폭이 컸다"고 말했다.

"지역별 펀드의 운용전략 반드시 살펴야"

신상근 자산배분전략파트장은 "특정 지역의 펀드에 투자하기로 결심했다면 해당 지역의 강점을 가장 잘 반영할 수 있는 운용 전략을 가진 펀드를 찾는 것이 좋다"고 말했다. 예를 들어, 에너지 개발이 경제의 주축을 이루고 있는 브릭스(BRICs) 시장의 경우 에너지 관련 기업에 주로 투자하는 펀드가 유망하다는 설명이다.

지역별 수익률 상위 해외 펀드

(기간 : 8월 30일 기준)

투자 지역	펀드명	자산운용회사	수익률(%)			
			3개월	6개월	1년	연초이후
중국	한화꿈에그린차이나주식1A	한화투신운용		10.48	26.44	55.44
	미래에셋맵스차이나주식1	미래에셋맵스자산운용	5.30	29.66	51.28	45.65
	미래에셋차이나솔로몬법인주식1클래스A	미래에셋자산운용	7.81	31.81	49.49	48.09
인도	미래에셋인디아어드밴티지주식1	미래에셋자산운용	-0.33	4.32	22.47	
	미래에셋인디아디스커버리주식1클래스1	미래에셋자산운용	-0.52	3.68	21.58	20.04
	미래에셋인디아솔로몬주식1A	미래에셋자산운용	-1.13	2.94	17.91	19.43
베트남	GB블루오션베트남주식혼합1	골든브릿지자산운용	0.25	-1.85	-1.66	
	미래에셋맵스오퍼튜니티베트남주식혼합1	미래에셋맵스자산운용	-1.19	-4.95	-7.31	-2.58
	한국월드와이드베트남혼합1	한국투신운용	0.28	-6.47	-12.16	13.84
브릭스	하나UBS파워엔진브릭스해외재간접1	하나UBS자산운용	-4.37	7.73	17.21	20.48
	골드&와이즈브릭스해외재간접K1	하나UBS자산운용	-5.72	5.76	15.77	19.91
	신한브릭스주식재간접1	신한BNPP투신운용	-6.06	8.00	14.79	19.97
일본	FT재팬플러스주식A	프랭클린템플턴투신운용	-6.48	-2.00	-6.09	
	삼성당신을위한N재팬주식2A	삼성투신운용		-4.80	-4.21	-8.89
	탑스일본주식재간접1	신한BNPP투신운용	-9.01	-6.35	-8.92	-2.65
아시아·태평양	미래에셋맵스오퍼튜니티베트남&차이나주식1클래스A	미래에셋맵스자산운용	6.79	27.69	35.22	
	미래에셋아시아퍼시픽업종대표주식1클래스C1	미래에셋자산운용	1.29	14.35	20.81	
서유럽	ING파워아시아주식1A	ING자산운용		-1.57	9.85	19.26
	슈로더팬유럽주식형재간접A	슈로더투신운용	-3.93	-6.96	-3.32	-1.17
	신한BNPP봉쥬르유럽배당주식2CI	신한BNPP투신운용	-1.69	-7.91	-3.32	
	봉쥬르유럽배당주식1	신한BNPP투신운용	-1.93	-8.49	-4.69	-2.76
글로벌	푸르덴셜어드바이저적극배분형재간접1	푸르덴셜자산운용	-3.69	2.59	10.08	13.23
	하나UBS글로벌파워매트릭스해외주식1	하나UBS자산운용	-6.12	0.73	4.76	8.51
	푸르덴셜어드바이저균형배분형재간접1	푸르덴셜자산운용	-2.36	0.74	4.20	6.72

※ 가입 금액이 100억 원 이상, 6개월 이상 운용된 해외 펀드 133개 중에서 직전 6개월간 수익률이 높은 펀드를 고른 것. 공란인 것은 운영 기간이 미달돼 해당 수익률이 없는 경우.

※ 브릭스(BRICs)는 브라질, 러시아, 인도, 중국을 말함.

조선일보 2007. 9. 3.

29 적립식 펀드 중에는 어떤 펀드가 좋은가요?

① 사이클

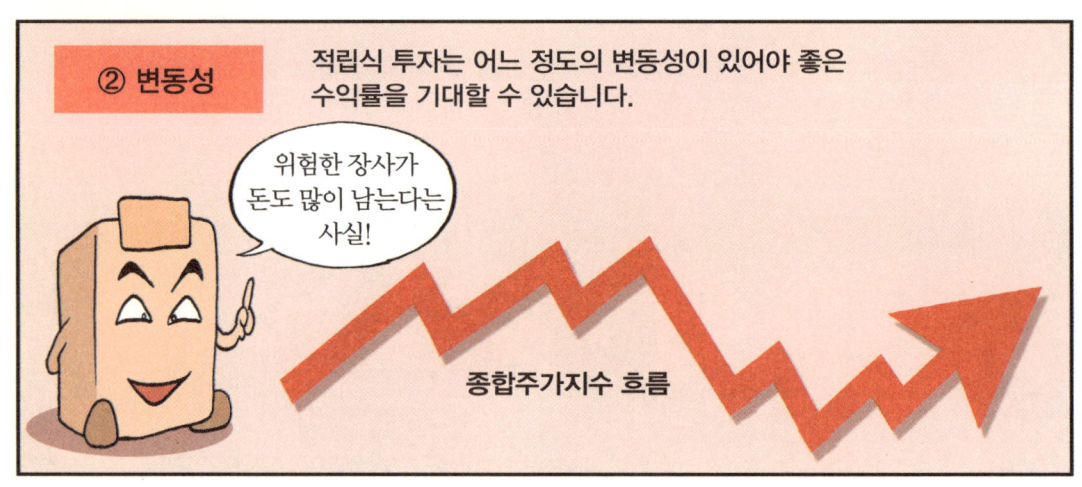

펀드에 가입했다가 환매하면 벌금으로 환매수수료를 내야하나요?

펀드에 가입한 지 얼마 되지 않아 환매한다면 일종의 환매수수료를 지불해야 합니다. 환매수수료는 상품에 따라 기간별로 다르지만 보통 가입 후 90일까지 부과하고 있습니다. 또한 '이익금에 부과하는 방식' '환매대금에 부과하는 방식' 두 가지가 있습니다. 이익금에 부과하는 경우, 손실을 보고 있을 때는 환매수수료 없이 언제든지 투자자금을 회수할 수 있습니다.

적립식 펀드투자는 언제 시작하는 게 좋은가요?

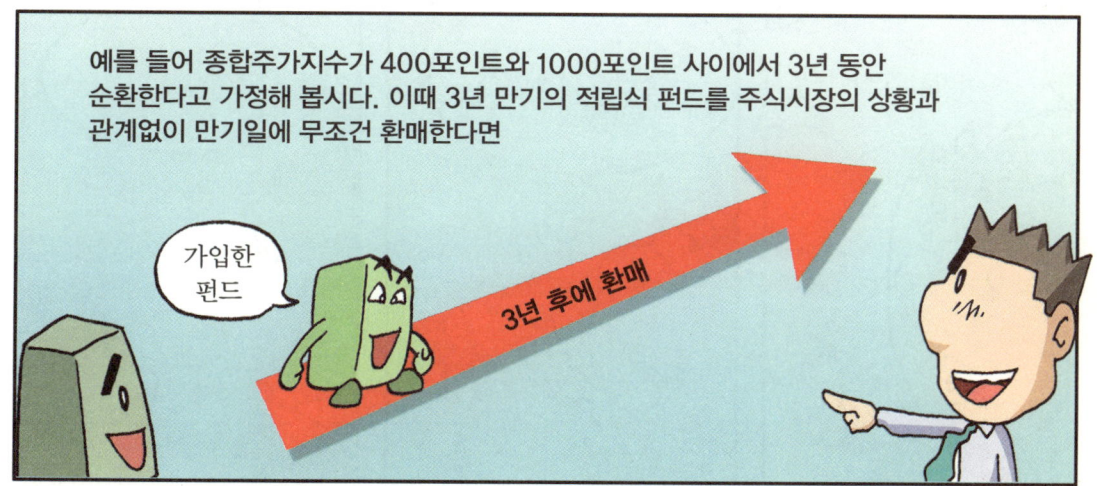

다음과 같은 투자결과가 나올 수 있습니다.

유형 구분		지수 변화	누적수익률
누운 S형		700→1000→700→400→700	10.9%
U형		1000→700→400→700→1000	58.5%
누운 S형		700→400→700→1000→700	10.9%
A형		400→700→1000→700→400	-38.6%

한 사이클(3년) 투자 시 가입 시점별 투자 결과 종합

환매수수료는 누가 가져가나요?

투자자들은 환매수수료는 펀드운용회사에서 가져간다고 생각하기 쉽습니다. 하지만 그렇지는 않습니다. 환매수수료의 존재목적은 잦은 자금 유출입을 사전에 방지해 펀드 운용의 안정성을 도모하고 보유 유가증권을 매각할 때 발생할 수 있는 손실위험을 잔류 투자자들에게 보상하고자 함입니다. 따라서 환매수수료는 운용사나 판매사가 가져가지 않고 펀드로 환입됨으로써 잔류 투자자들의 수익제고에 기여하게 됩니다.

주가 조정기, 부자들의 선택은?

돈을 벌려면 "부자富者의 줄에 서라"는 말이 있다. 부자의 투자법을 배우고 따라 하면 돈을 벌 수 있다는 얘기다. 서브프라임모기지 부실로 촉발된 이번 주가 조정기에서 거액 자산가들은 어떤 펀드에 가장 많이 가입했을까?

주가가 출렁댄 8월 1~20일 사이에 프라이빗뱅킹(PB) 고객에게 가장 많이 판매된 '펀드 5걸'을 조사한 결과(국민, 신한, 외환, 기업, 농협 등 5개 은행에 의뢰) PB 고객들은 국내 펀드와 해외 펀드에 분산 투자한 것으로 나타났다. 해외 펀드 중에서는 중국 등 신흥시장 펀드, 국내 펀드 중에서는 배당주 펀드에 많이 투자했다.

국민은행 PB센터에선 신흥시장(이머징마켓)에 투자하는 '슈로더브릭스주식형투자신탁자A1'과 '피델리티차이나주식투자신탁자A' 등 해외 펀드가 상위 펀드 5개 중 2개를 차지했다.

신한은행 PB센터에서도 '봉쥬르차이나펀드2A'와 '봉쥬르브릭스플러스펀드A1' 등 해외 펀드가 5개 중 2개를 차지했다. 신한은행 김동균 PB팀장은 "내년 북경 올림픽 때까지는 중국이 급성장할 것이라는 확신을 갖고 중국 시장에 투자하는 부자들이 많다"고 말했다. 외환은행, 기업은행, 농협의 PB센터에서도 중국 등 신흥시장 펀드가 이름을 올렸다.

자산가들이 8월 1~20일 사이에 많이 가입한 펀드

은행명	상품명	3개월 수익률(%)
국민	슈로더브릭스주식형투자신탁자A1	-2.44
	피델리티차이나주식투자신탁자A	※-1.68
	템플턴그로스주식 5호	5.12
	프라임배당주식투자신탁	8.12
	KTB마켓스타 주식투자신탁C	6.37
신한	동부델타프리베 펀드4	※-2.04
	봉쥬르파이나 펀드2A	1.84
	미래에셋디스커버리 주식투자신탁3	2.75
	봉쥬르브릭스플러스 펀드A1	※-4.27
	CJ지주회사플러스 펀드1A	5.83
	마이다스블루칩배당 주식투자신탁1	6.32

외환	미래에셋디스커버리주식투자신탁3A	2.75
	슈로더차이나그로스주식투자신탁자A	2.69
	신영마라톤주식투자신탁F1	10.44
	삼성당신을위한리서치주식투자신탁1A	3.72
기업	KTB마켓스타주식투자신탁A	6.07
	미래에셋차이나솔로몬주식투자신탁1A	0.84
	한국중소밸류주식투자신탁A	※-13.37
	미래에셋디스커버리주식투자신탁3	2.75
	한국삼성그룹적립식주식투자신탁1	10.55
농협	칸서스하베스트적립식투자신탁1K	8.64
	KB광개토주식투자N-1A	9.76
	칸서스글로벌123 한국주식1호A1	-10.36
	농협CA친디아플러스주식1A	9.31
	CJ아시아인프라주식형투자신탁1A	3.98

자료 : 각사, ※는 설정일 이후 20일까지 수익률

조선일보 2007. 8. 28.
(이경은 기자)

1 목표 수익률을 정하라

② 나누어 투자하라

❸ 목표 수익률에 도달하면 환매하여 CMA에 투자하라

❹ 환매 후 같은 펀드에 재투자하라

5. CMA에서 매월 일정금액을 재투자하라

적립식 펀드투자 실전기법 다섯 가지

① 원금대비 목표수익률을 정하라.
② 매월 적립할 적립 금액을 세 개의 펀드에 나누어 투자하라.
③ 목표 수익률에 도달하면 환매해서 CMA에 투자하라.
④ 환매와 동시에 같은 유형의 펀드에 다시 투자하라.
⑤ CMA에서 매월 일정금액을 재투자하라.

적립식 해외 펀드는 어떻게 투자해야 하나요?

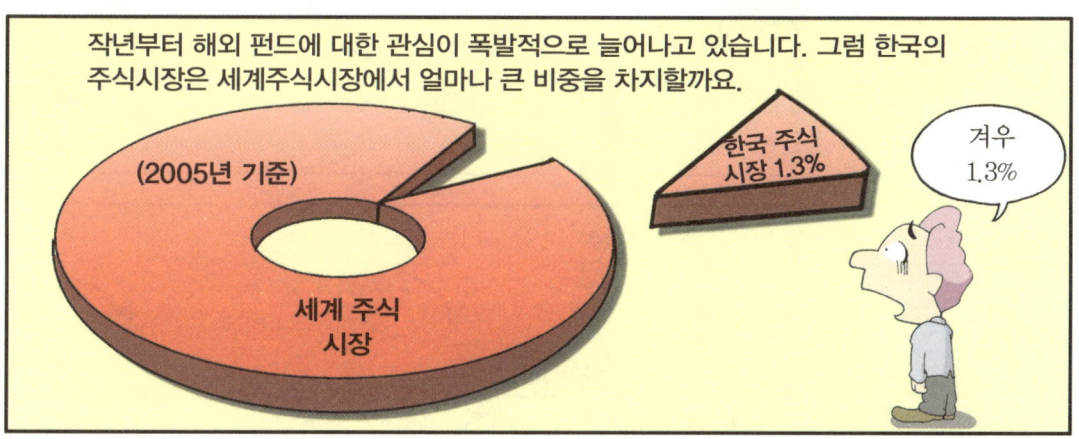

역외 펀드와 해외 투자 펀드의 차이점

1. 역외 펀드 : 외국 자산운용회사가 운용하는 펀드로 해당국의 해당 통화로 투자한다.
2. 해외 투자 펀드 : 국내 운용회사에서 운용하는 펀드로 원화로 투자되고 매일 기준가격을 공시한다.

5부

대박나는 펀드에 돈을 묻어라!

INVESTMENT

각 자산운용사 대표 펀드 현황

자산운용사	대표 펀드
동양운용	동양모아드림
대투운용	대한 First Class 에이스
랜드마크운용	랜드마크1억만들기
마이다스운용	마이다스블루칩배당주식
미래자산운용	미래에셋인디펜던스
미래투신운용	미래에셋솔로몬주식
삼성투신운용	삼성우량주장기
신영운용	신영마라톤주식
푸르덴셜운용	푸르나폴레옹
한국투신운용	한국부자아빠거꾸로
CJ자산운용	CJ행복만들기
PCA자산운용	PCA업종일등주식D-1

각 자산운용사의 대표 펀드 현황입니다.

자세히 보고 가입할 때 활용하세요.

그럼 설정액이 큰 대형 펀드가 좋은 펀드인가요?

꼭 그렇지는 않습니다.

대형 펀드도 물론 단점이 있죠. 하지만 소형 펀드에 비해 운용실적이 좋고 상대적으로 안정적이죠.

아하~ 작은 배보다 큰 배가 바다에서 더 안전한 것처럼 말이군요.

설정액 규모별 평균 운용수익률(2006년 7월 25일 기준)

설정 규모	최근 3개월	최근 1년	최근 2년
1조 원 이상	-10.27%	26.72%	94.58%
1000억 원~1조 원 미만	-11.93%	18.01%	68.81%
50억 원~1000억 원 미만	-11.82%	19.86%	69.59%

대표 펀드를 선택하라

작은 배는 잔파도에도 흔들리기 쉽다. 따라서 큰 배를 택하는 것이 좋다. 자산운용사들은 설정액이 큰 대표 펀드 혹은 간판 펀드를 마케팅 차원에서 집중 관리하는 경향이 있다. 때문에 수익률이 양호하게 나올 가능성이 높다. 그러므로 펀드 선택에 특별한 판단이 서지 않을 경우 이러한 대표 펀드를 선택하는 것이 가장 손쉬운 방법이다.

인도 펀드, 다시 믿어도 되겠니?

印증시 빠른 회복세… 펀드 가입액 2배로 껑충
"장기적으로 중국만큼 상승하긴 힘들어" 지적도

최근 인도 증시가 심상치 않다. 올해 초 세계 증시가 다함께 오를 때 '외톨이'였던 인도 증시가 지난 4월부터 반등하기 시작하더니 최근 주가 조정기에는 중국(본토 및 상하이)에 이어 가장 빠른 회복세를 보이고 있다. 세계 증시는 미국발 서브프라임 여파로 동반 급락한 뒤 조금씩 반등하고 있지만 최근 고점(高點)에 비해선 턱없이 낮은 수준이다. 하지만 인도는 달랐다. 우리나라(−8.2퍼센트·코스피지수)는 물론 미국(−6.2퍼센트), 영국(−8.7퍼센트), 일본(−13.7퍼센트) 같은 선진국 그리고 브라질(−9.3퍼센트), 베트남(−16.7퍼센트) 등의 신흥시장 증시도 8~16퍼센트씩 주저앉은 데 비해 인도는 제자리(−0.7퍼센트)를 유지했다. 이 때문에 국내 투자자의 인도에 대한 관심이 급증하고 있다. 주가 하락 등으로 작년 말 6273억 원에서 4704억 원(4월 말 기준)으로 25퍼센트 급감했던 인도 펀드의 전체 가입 금액이 8016억 원(9월10일 기준)으로 두 배 가까이 껑충 뛰어올랐다. 그러나 과연 앞으로는 어떨까?

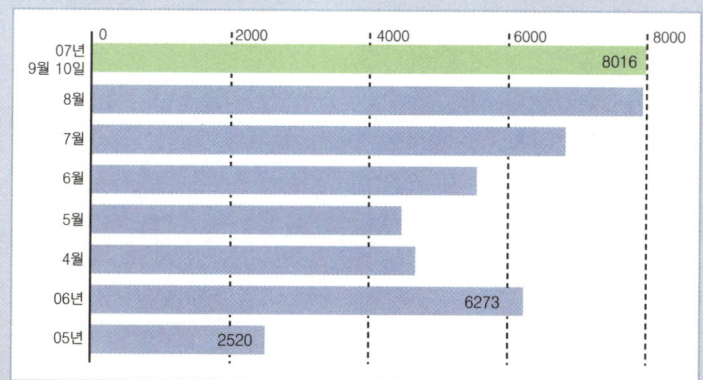

자료 : 제로인

올해 적게 오른 만큼 하락률도 낮아

올해 인도 증시가 다른 증시들에 비해 '성적'이 부진했던 것이 최근 조정을 적게 받고 빠르게 회복한 이유라는 게 전문가들의 의견이다. 인도 증시는 지난 2005~

2006년 가파른 상승으로 올해 초 가격 부담 논란에 휩싸이면서 급락했다. 그 결과 다른 주변 신흥 시장은 20퍼센트 이상씩 오른 반면 인도는 10퍼센트대의 상승률밖에 기록하지 못했다. 하지만 적게 오른 것이 향후 재상승을 기대하는 요인이 되고 있다.

김학균 한국증권 애널리스트는 "인도 증시는 올 상반기 다른 증시에 비해 상대적으로 오르지 못한 만큼 주가 조정기에도 크게 출렁이지 않았다"며 "인포시스, 타타 그룹 등 인도의 주요 기업들이 대부분 작년 대비 30퍼센트 정도의 이익 증가세를 보인 점도 최근 주가 상승을 이끌었다"고 말했다.

'서브프라임'과 관계없는 내수시장 위주의 경제

증시 전문가들은 인도의 경제 특성에서도 주가 상승의 근거를 찾았다. 수출을 중심으로 한 중국, 원자재 산업을 주축으로 한 브라질과 달리 인도는 내수 시장이 전체 경제에서 큰 비중을 차지하고 있다. 그래서 최근 발생한 미국발 서브프라임모기지 부실 사태로 세계 금융시장이 크게 요동칠 때도 인도 증시는 큰 영향을 받지 않았다는 설명이다. 게다가 인도는 올해 경제 성장률이 9.4퍼센트로 중국에 이어 아시아에서 두 번째로 가파른 성장세를 보였다. 이런 추세가 향후 몇 년간 지속될 것이란 기대감이 작용하면서 다시 인도 펀드에 관심이 집중되고 있다.

피델리티인터내셔널의 인디아포커스 펀드 운용을 담당하고 있는 아룬 메라는 지난 6일 보고서에서 "인도 중앙은행은 높은 기준금리와 지급준비율 등으로 유동성 위축에 대응할 수 있고, 높은 정책금리를 낮춰 주식시장에 유동성을 공급할 여력도 있다"며 장기적으로 인도의 투자매력이 높다고 평가했다.

"중국만큼 상승하기는 힘들어"

그러나 아직 전문가들은 조심스러운 반응이다. 끊임없이 들어오는 외국 자금의 경우, 중국은 제조업이나 산업 생산에 투자되는 경우가 많은 반면 인도는 대부분이 증시에 투자되고 있다. 그런 만큼 단기적으로는 외국인 자금이 주가에 직접적인 영향을 미쳐 증시 상승을 유도하지만, 장기적으로는 인도 경제의 성장 동력이 약화될 가능성이 높다. 때문에 펀드투자에 유의할 필요가 있다는 지적이다.

김학균 애널리스트는 "인도는 PER 18.4배, PBR 4.7배 등으로 중국과 함께 주가 밸류에이션이 세계에서 가장 높다"며 "여기에 외환보유고, 산업의 성숙도, 버블에 대응할 수 있는 정부의 능력 등을 감안하면, 인도 증시가 중국만큼 올라가기는 힘들 것 같다"고 말했다.

주요 인도 투자 주식형 펀드 수익률 비교 (기간 : 9월 10일 기준)

펀 드	운용사	설정액 (억원)	수익률(%)			
			1개월	3개월	6개월	연초 이후
미래에셋인디아어드밴티지주식1	미래에셋자산운용	415	4.79	14.31	36.46	
미래에셋인디아디스커버리주식1클래스A		1,939	4.99	11.51	35.43	25.49
미래에셋인디아솔로몬주1A		2,473	4.83	11.20	31.98	25.47
한국월드와이드인디아주식재간접 T-1A	한국투신운용	110	0.12	9.26	31.62	21.23
피델리티인디아주식A	피델리티운용	924	3.16	8.90		
해외 펀드의 평균 수익률			3.32	10.20	21.53	18.17

※ 공란은 설정 이후 기간이 차지 않아 수익률 산정이 불가능한 것임
자료 : 제로인

조선일보 2007. 9. 12.
(홍원상 기자)

미인 중에 미인을 뽑아 투자하라는 말이 무슨 뜻이에요?

보유 종목 비교 분석(2006년 6월 30일 기준)

삼성우량주장기		미래에셋디스커버리	
총 보유 종목 수	18종목	총 보유 종목 수	44종목
종목 명	펀드 내 비중	종목 명	펀드 내 비중
현대중공업	9.49%	삼성전자	10.47%
현대건설	8.71%	SK텔레콤	6.33%
LG텔레콤	8.32%	현대중공업	5.25%
국민은행	8.19%	현대건설	5.24%
현대미포조선	7.49%	하이닉스	5.03%
NHN	6.87%	현대차	4.32%
현대제철	6.65%	삼성테크윈	3.72%
SK텔레콤	6.57%	대한항공	3.49%
신한금융지주	6.40%	KT&G	3.36%
현대해상	5.96%	POSCO	2.79%
상위 10종목 비중	74.7%	상위 10종목 비중	49.99%

기간별 운용 성과 비교

운용 기간 구분	삼성우량주장기 수익률	미래디스커버리 수익률	종합주가지수 등락
과거 6개월 (2006. 6. 30~2006. 1. 2)	-2.57%	-9.13%	-6.77%
과거 1년 (2006. 6. 30~2005. 7. 1)	56.50%	40.55%	27.22%
2005년 1년 (2005. 1. 2~2005. 12. 30)	74.98%	91.44%	58.40%
과거 1년 6개월 (2006. 6. 30~2005. 1. 2)	70.51%	55.38%	48.72%

다우10 전략이란?

1980년대 클리블랜드 투자 전문가이자 작가인 존 슬래터가 최초로 구상했다고 알려졌다. 1928년 이후 다우10 전략의 평균 복리 수익률은 연 13.21퍼센트로 다우지수보다 1.81퍼센트, S&P500 지수보다 2.57퍼센트 높았다. 10년 기준으로 살펴보면 1930년대를 제외하고 항상 다우지수나 S&P500지수보다 높은 성과를 냈다. 1928년부터 1997년까지 다우10 전략의 수익률은 13.21퍼센트로 다우지수 11.40퍼센트, S&P500지수 10.64퍼센트를 상회했다.

35 외국인이 투자한 종목에 투자해도 되나요?

1994년 외국인 투자자에게 우리나라 주식시장이 개방됐습니다.

그 후로 지속적으로 비중이 증가해 왔지요.

현재는 40%가 조금 안 되는 비중이지만 여전히 국내 주식시장에서 외국인 투자자는 절대적인 영향력을 행사하고 있습니다.

맞아.

그렇다보니 외국인이 집중적으로 매수하는 종목이

다른 종목보다 더 큰 수익률을 보이고 있답니다.

당연하겠네요.

업종	종목 명	펀드 내 비중
음식료	CJ	1.2%
	농심	0.6%
종이, 목재	한솔제지	1.0%
화학	SK	1.9%
	삼성정밀화학	1.1%
	태평양(아모레퍼시픽)	0.9%
의약품	경동제약	1.3%
	한미약품	1.0%
	중외제약	0.5%
철강금속	풍산	2.0%
	현대제철	1.9%
전기, 전자	삼성전자	15.1%
	하이닉스	3.4%
	LS산전	2.0%
	삼성전기	1.7%
	대덕전자	1.0%
운수장비	현대모비스	3.1%
	현대차	2.7%
	아시아나항공	2.2%
	현대중공업	1.1%
유통업	현대H&S	0.9%

 여기서 잠깐!

동양모아드림주식형 펀드의 몇 가지 특징

1. 전체 주식편입 비중을 평균 90퍼센트 수준으로 일정하게 유지한다.
2. 글로벌 투자자들의 관심증대가 예상되는 "대한민국 대표우량주"에 80퍼센트 수준을 투자한다.
3. PER Band trading(주가 수익 기준 매매 방식)은 상대적으로 낮은 종목을 선택해 매수 비중을 확대하여 주가 수준에 관계없이 주식을 매수하는 적립식 투자기법을 보완한다.

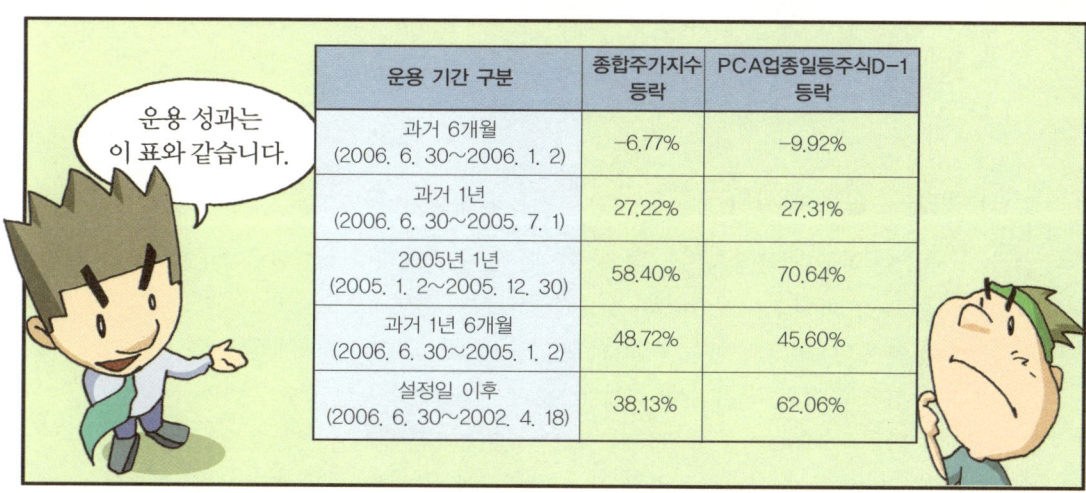

내 성격에 맞는 펀드는 없을까?

위험이 싫다면… 주가 급락 때 상대적으로 선방한 펀드
고위험·고수익… 상반기 가장 높은 수익률 기록한 펀드
욕심이 많다면… 상승·조정기 모두 수익률 꾸준한 펀드

사람의 성격은 어려운 일이 닥칠 때 잘 드러난다고 한다. 펀드도 마찬가지다. 주가가 폭락했다가 폭등하는 요즘 같은 널뛰기 장세일수록 펀드의 진면목이 드러나기 마련이다. 투자자 입장에선 자신의 성향에 맞는 펀드를 고를 수 있는 좋은 참고가 될 것이다. 나에게 맞는 펀드는 어떤 게 있을까?

1. 위험이 싫은 투자자

'남들 다 하는 주식에 투자는 하고 싶지만, 높은 수익률보다는 원금 보존에 더 신경이 쓰인다.' 이런 투자자라면 최근 주가 급락기에 상대적으로 선방한 펀드에 가입하는 것이 좋다. 코스피지수는 지난달 25일 처음으로 2000고지를 밟은 이후 8월 17일 1638까지 수직 하락했다. 이 기간에 389개 국내 주식형 펀드(주식 투자비중이 70퍼센트 이상인 성장형 펀드) 중 수익률이 가장 적게 떨어진 펀드는 한국밸류자산운용의 '한국밸류10년투자연금주식1'으로 12.08퍼센트의 하락률을 기록했다. 이어 신영투신운용의 '신영밸류고배당 주식1C4'(-13.31퍼센트·이하 수익률)와 '한국밸류10년투자 주식1'(-13.33%), '신영밸류고배당주식1A'(-13.33%) 등이 뒤를 이었다. 특히 수익률 상위 10개 펀드들 가운데 신영투신운용이 5개, 한국밸류자산운용이 2개가 포함 돼 있어 수익률을 안정적으로 지켜낸 것으로 나타났다.

2. 고위험·고수익을 추구하는 투자자

'웬만한 원금 손실에 자신 있다. 대신 남들보다 낮은 수익률은 기분 나쁘다.' 이런 성향을 가진 펀드 투자자라면 올 상반기 주가 상승시에 높은 수익률을 기록한 펀드에 관심을 가져볼 만하다. 이 기간에 가장 높은 수익률을 올린 펀드라면 다음에 주가가 다시 오를 때도 상승 폭이 클 것이라 기대해 볼 수 있기 때문이다. 서울 증시는 올 1월에 1300~1400대 사이에서 등락을 거듭하다 2월부터 본격 상승세로 돌입해 7월까지 쉼 없이 올랐다. 이런 주가 상승기(2월 1일~7월 25일)에 최고 수익률을 올린 펀드는 '동부더클래식진주찾기 주식1클래스C1'로 79.30퍼센트의 수익률을 기록했다. 1000만 원을 투자했다면 6개월 만에 793만 원을 덤으로 얻은 셈이다.

이어 CJ자산운용의 'CJ지주회사플러스주식1A'(75.90퍼센트)와 '미래에셋3억만들기중소형주식1클래스A'(75.67퍼센트), '동양중소형고배당주식1'(66.87퍼센트) 순이다.

3. 욕심 많은 투자자

드물지만 주가 상승기와 조정기에 꾸준히 다른 펀드보다 좋은 수익률을 올린 펀드도 있다. 위험은 적고, 수익률은 높아야 한다는 욕심 많은 투자자라면 이런 펀드를 한번 고려해 보자. 주가 상승기(2월 1일~7월 25일)와 주가 급락기(7월 25일~8월 17일) 두 기간 모두 수익률 상위 30위에 포함된 펀드가 5개가 있었다.

특히 한국밸류자산운용의 '한국밸류10년투자주식1'(63.86퍼센트, −13.33퍼센트)과 NH-CA자산운용의 '농협CA아이사랑적립주식1'(64.33퍼센트, −13.82퍼센트)은 상위 10위 안에 모두 포함돼 가장 안정적으로 수익을 낸 것으로 조사됐다. 이어 SEI에셋운용의 '세이가치형주식A1'(65.15퍼센트, −14.38퍼센트)과 신영투신운용의 '신영마라톤주식A'(58.82퍼센트, −14.36퍼센트), '신영마라톤주식F1'(58.01퍼센트, −14.36퍼센트) 펀드도 수익률 상위 30위 안에 모두 포함됐다.

주가 급락기에 선방한 펀드

(기간 : 7월 26일~8월 20일)

펀 드	운용사	수익률(%)			
		주가 폭락기	3개월	6개월	1년
한국밸류10년투자연금주식1	한국밸류자산운용	-12.08	11.65	운용기간 미달	
신영밸류고배당주식1CA	신영운용	-13.31	9.55	운용기간 미달	
신영밸류고배당주식1A	신영운용	-13.33	10.27	36.20	60.76
한국밸류10년투자주식1	한국밸류자산운용	-13.33	9.53	운용기간 미달	
신영밸류고배당주식1C1	신영운용	-13.37	9.35	26.64	47.52
한국중소밸류주식C	한국운용	-13.39	운용기간 미달		
BEST알부자적립식혼합1	SH운용	-13.46	2.07	13.69	21.40
프라임배당주식	신영운용	-13.55	8.13	23.57	41.92
프라임배당적립식주식	신영운용	-13.57	8.74	26.25	44.71
농협CA아이사랑적립주식1	NH-CA	-13.82	12.55	33.39	42.13

주가 상승기에 많이 오른 펀드

(기간 : 2월 1일~7월 25일)

펀 드	운용사	수익률(%)			
		주가 상승기	3개월	6개월	1년
동부TheClassic진주착지주식1클래스C1	동부자산운용	79.30	8.75	40.37	62.38
CJ지주회사플러스1A	CJ자산운용	75.90	5.83	34.78	-
미래에셋3억만들기중소형주식1클래스A	미래에셋운용	75.67	8.40	41.37	50.29
CJ지주회사플러스주식1C1	CJ자산운용	75.15	5.59	34.16	-
동양중소형고배당주식1	동양운용	66.87	2.31	34.12	67.91
세이가치형주식A1	세이에셋자산운용	65.15	9.09	34.85	-
삼성배당주장기주식1	삼성투신운용	64.69	6.39	26.81	40.23
농협CA아이사랑적립주식1	NH-CA	64.33	12.55	33.39	42.13
한국밸류10년투자주식1	한국밸류자산운용	63.86	10.27	36.20	60.76
한국네비게이터주식1클래스A	한국투신운용	62.08	7.23	24.49	36.99

※ 주식 편입비율이 70% 이상인 성장형 펀드들 중에 수탁고 100억 원 이상인 펀드를 대상으로 함.

자료 : 제로인

조선일보 2007. 8. 24.
(홍원상 기자)

이 표는 보유 종목을 분석한 것입니다.

종목 명	펀드 내 비중	시가총액 비율
삼성전자	15.5%	14.1%
삼성전기	8.5%	0.4%
삼성화재	8.1%	1.0%
삼성물산	7.9%	0.7%
삼성SDI	6.9%	0.5%
제일모직	6.5%	0.3%
삼성테크윈	6.5%	0.4%
삼성엔지니어링	6.4%	0.3%
호텔신라	6.3%	0.1%
삼성중공업	6.2%	0.9%
합계	78.8%	18.5%

(2006년 7월 30일 기준)

가장 좋은 투자 전략은 삼성그룹주에 주로 투자하되 적립식 투자기법을 십분 활용하여

개별 종목의 펀드 내 편입 비중을 10%이내로 제한해 한 종목에 대한 과도한 영향력을 배제하는 것입니다.

'한국삼성그룹적립식주식 펀드' 자산분배계획

투자 설명서에서는 자산배분계획에 대해 "적립식 펀드의 성격상 기간분산 투자 효과가 펀드에 내재되어 있으므로 적극적인 자산배분전략을 구사하기보다는 주식편입 비율을 85~95퍼센트 수준에서 안정적으로 유지할 계획"이라고 말한다.

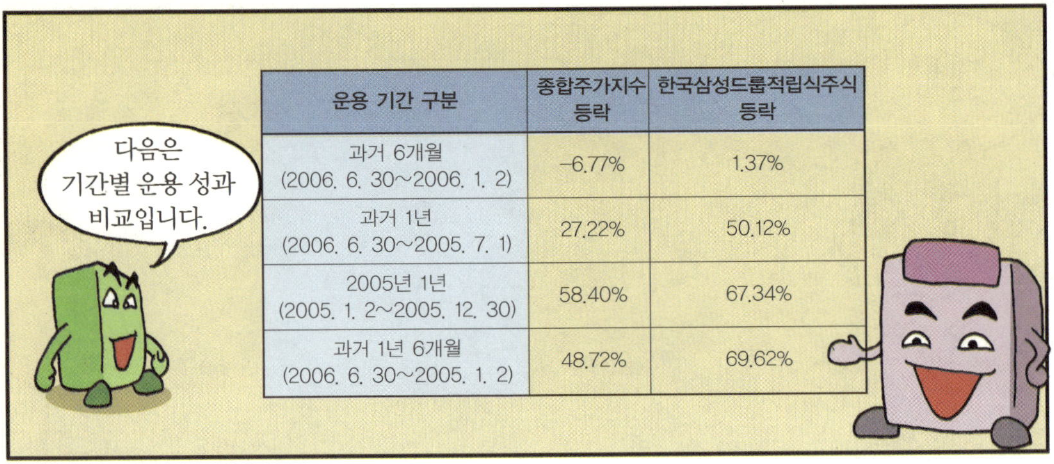

다음은 기간별 운용 성과 비교입니다.

운용 기간 구분	종합주가지수 등락	한국삼성드룹적립식주식 등락
과거 6개월 (2006. 6. 30~2006. 1. 2)	-6.77%	1.37%
과거 1년 (2006. 6. 30~2005. 7. 1)	27.22%	50.12%
2005년 1년 (2005. 1. 2~2005. 12. 30)	58.40%	67.34%
과거 1년 6개월 (2006. 6. 30~2005. 1. 2)	48.72%	69.62%

한국 전체의 펀드 시장에서 한국삼성그룹적립식주식 펀드처럼 독특한 스타일의 펀드가 나온다는 것은 상품의 다양성 측면에서 상당히 긍정적인 일입니다.

하지만, 한 그룹에 투자한다는 측면에서 상대적으로 위험이 클 수 있습니다. 또한 전체 주식시장과는 분명히 다른 수익구조를 가지고 있기 때문에 포트폴리오를 구성 할 때 분산 투자 차원에서 신중하게 접근하는 것이 필요합니다.

38 중국 펀드에 투자해도 될까요?

"앞으로 20년 동안 국제사회의 가장 중요한 변화 중 하나는 중국의 부상이 될 것이다."

"국내 총생산(GDP)을 구매력으로 환산했을 때 중국의 경제 규모는 2017년쯤 미국을 앞지를 것으로 보인다."
영국 주간지 《이코노미스트》 부설 《이코노믹 인텔리전스유닛EIU》는 인터넷에 공개한 〈World in 2006〉보고서에서 미래의 경제판도를 이렇게 전망했습니다.

와! 중국이 2017년에 미국을 앞지른다고?

"'KB광개토주식형 펀드'의 투자설명서에는 아주 자세하게 중국과 관련된 투자 방침과 전략을 기술해 놓고 있습니다. 다음은 투자설명서 내용입니다."

투자전략 및 자산운용의 기본방침

1. 제안배경
① 21세기 세계경제의 성장엔진은 중국
② 중국효과China Effect는 한국경제의 새로운 성장동력
　→ 한국은 중국 경제 급성장의 가장 큰 수혜국가
③ 2008년 북경 올림픽까지는 중국의 고성장 지속이 확실
④ 중국의 일시적 긴축으로 현재 중국관련 기업주가 낙폭 과다
⑤ 중국의 인플레 압력 감소로 올해 안에 긴축완화 가능성
⑥ 올해 하반기가 중국관련 주식을 싸게 매입할 절호의 기회

2. 과거의 사례
중국 경제 성장의 혜택을 입는 한국기업에 집중적으로 투자했다면?
→ 시장수익률을 크게 상회하고 시간이 경과하면서 차이가 점점 더 벌어짐

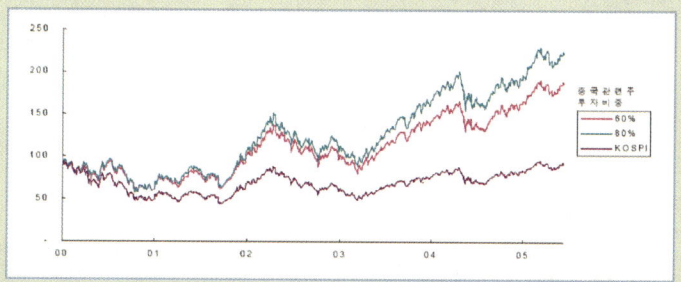

3. 중국 경제의 불안 요인 분석
① 급격한 금리인상 가능성은 작음
　㉠ 최근 중국의 대출 동향 및 물가를 감안하면 중국 경제 과열 억제는 금리 인상보다는 위안화 절상에 의존할 것으로 전망
　㉡ 수출과 내수 양대 축을 중심으로 한 중국 정부의 성장전략이 계속 유지되고 있음
② 위안화 절상은 동전의 양면
　㉠ 중국 위안화 절상수준은 2005년 2분기 말 5퍼센트, 2006년 초 5퍼센트로 전망
　㉡ 이로 인해 중국의 수출경기는 둔화될 수 있겠지만 자국 통화 가치 상승으로 인한 구매력 향상으로 내수경기는 지속적인 성장이 예상됨
　㉢ 한편, 위안화 절상은 중국 내 수입제품 가격을 하락시켜 내수 IT, 소비재, 유통업종에는 긍정적이나 한국 기업 소재나 중간재를 수입 후 재가공하는 중국 기업의 수익성을 악화시켜 소재주에는 다소 부정적인 영향을 미침

4. 투자 전략
   ① 중국 경제성장 = 한국 경제와 경쟁관계보다는 보완관계로 인식
      → 성장성 공유
   ② 중국 효과의 Value China
      ㉠ Cyclical Industry에서 중국 수요 증가
         → 경기 순환에 따른 이익변동성 감소
         → 재평가 기회
      ㉡ 중국 소비지출 역할 증가
         → 한국 소비관련 기업들의 중국 내 포지셔닝 강화
      ㉢ 매력적인 중국 노동시장
         → 현재 진출을 통해 원가절감 생산성 향상
         → 마진율 유지
   ③ 중국 효과에 초점을 맞춘 포트폴리오 구성

5. 유니버스 구성 : '중국 관련'과 '비非중국 관련'으로 구분
   ① 중국 관련 주식 선정시 고려사항
      ㉠ 경제 기초 여건 관점에서 중국 매출 비중 및 이익 기여도
      ㉡ 중국 시장으로의 진출 및 확장 계획
      ㉢ 향후 성장잠재력 등을 고려한 집중투자 계획
      ㉣ Market Them에 따른 Price Driver
   ② 비非중국 관련 주식의 투자 : 중국 효과의 영향이 적은 종목군 중 지속 가능한 성장 대비 저평가 종목군

6. 중국 효과에 따른 성장 가능성이 종목 선정의 최우선 기준

7. 중국 관련 주식의 최소 투자비중 : KB자산운용 유니버스 내 중국관련 주식 비중 이상의 투자

8. 비非중국 관련 주식의 투자 : 포트폴리오 편입 시 분산효과, 기대수익 증가 효과가 뚜렷한 종목군을 중심으로 편입

9. 주간 단위의 포트폴리오 조정을 통한 지속적인 모니터링

종목 명	펀드 내 비중	시가총액 비율	비고
삼성전자	13.37%	14.41%	
현대차	8.5%	2.61%	
국민은행	8.1%	3.71%	
NHN	7.9%	6.74%	코스닥
하이닉스	6.9%	2.53%	
대한항공	6.5%	0.36%	
우리금융	6.5%	2.38%	
현대건설	6.4%	0.81%	
대림산업	6.3%	0.32%	
LG필립스LCD	6.2%	1.69%	
합 계	62.82%	35.56%	
기타 20종목	37.18%	—	

(2006년 6월 30일)

이 표는 보유종목 내역입니다.

지난 6월 말을 기준으로 보유종목 상위 10개사를 살펴보면, 종목들에 대한 이미지만으로는 중국에 대한 집중투자라는 인상을 받기 어렵습니다. 하지만 기업의 매출 구성이나 내용을 보면 충분히 납득할 수 있습니다.

기간별 운용 성과 비교

운용 기간 구분	종합주가지수 등락	KB광개토주식형 등락
과거 6개월 (2006. 6. 30~2006. 1. 2)	-6.77%	-15.62%
과거 1년 (2006. 6. 30~2005. 7. 4)	27.22%	23.69%

KB광개토주식형 펀드는 2005년 7월 4일에 설정되었으며, 초기에 상당한 인기를 끌면서 현재 운용자산이 약 8000억 원에 이르렀습니다.

지난 1년간의 운용 성과는 아직 기대에 미치지 못한 것이 사실이나 장기적인 관점에서 비교적 좋은 성과를 낼 수 있는 좋은 투자 전략을 가진 펀드입니다.

주가 추락 때도 펀드로… '개미들의 돌진' 왜?

"주가가 속절없이 떨어지는데도 돈다발을 싸서, 펀드에 투자해달라고 오더라고요." 국내 증시가 사상 최대폭으로 떨어진 지난 16일, 우리투자증권 용산지점의 김종석 차장은 평소보다 2배가량 많은 펀드 문의 전화를 받았다. 대부분 '환매'가 아니라 '가입' 문의였다. 그는 "투자자들의 마인드가 완전히 변했다"며 "주가가 폭락하니까 '오히려 기회 아니냐'며 예금 10억 원을 깨서 갖고 온 투자자도 있었다"고 말했다.

실제로 이달 들어 주가가 7퍼센트(23일 기준) 가량 곤두박질쳤는데도 주식형 펀드로 들어오는 자금은 전혀 줄어들지 않았다. 오히려 주가가 급락한 날에는 평소보다 2~3배 많은 돈이 들어오는 양상을 보이고 있다. 코스피지수가 사상 최대 하락폭(125.91포인트)으로 떨어진 16일에는 무려 3000억 원이 넘는 자금이 국내 주식형 펀드로 몰렸고, 주가가 하락세를 지속하던 지난달 27일 이후에도 매일 2000억 원 가량이 유입되었다.

'펀드런(Fund Run)'이라 불리는 대량 환매사태를 예상했던 전문가들은 '개미들의 힘'에 놀라고 있다. 도대체 투자자들이 이렇게 용감해진 이유는 무엇일까. 전문가들이 내놓는 분석은 여러 가지로 나뉜다.

첫째는 '학습효과'다. 황순영 대우증권 안양지점장은 "과거 투자자들이 저질렀던 바쌀 때 사서 쌀 때 파는 실수를 보면서 충분한 학습효과를 쌓은 것 같다"고 말했다. 특히 2001년에 설정된 미래에셋자산운용의 '인디펜던스주식형'과 '디스커버리주식형' 펀드 등의 6년간 누적 수익률이 모두 700퍼센트를 넘었다는 사실이 최근 알려지면서 "오래 버텨야 한다"는 장기 투자 원칙을 자연스럽게 깨쳤다는 것이다.

둘째는 투자자들이 '부동산에서 금융'으로 자산을 배분하는 과정이라는 분석도 있다. 삼성증권 신상근 자산배분 전략파트장은 "외환위기 이후 부동산에 너무 치우친 왜곡된 가계자산 구조를 효율적으로 바꾸려는 움직임이 급속히 일어나고 있다"고 말했다. 현재 우리나라는 전체 자산 중 금융자산이 20퍼센트다. 반면 일본은 55퍼센트, 미국은 36퍼센트 등으로 우리나라보다 훨씬 높다. 즉, 최근 펀드로 유입되는 자금의 일부는 부동산을 팔았거나, 부동산을 사려고 대기하던 자금이라는 해석이다.

셋째는 최근 주식 투자로 '돈맛'을 본 개인투자자들이 '겁을 상실했다'는 것이다. A은행 광화문 지점의 차장급 PB(프라이빗 뱅커·자산상담가)는 "올해 상반기(1~6월)에만 수익률 50퍼센트씩 올린 펀드 투자자들이 5퍼센트의 은행 예금 금리는 거들떠보지도 않는다"며 "상담할 때 '더 기다렸다가 들어가라'고 충고를 해도 고객들은 '못 먹어도 고'를 외친다"고 말했다.

올해 들어 열풍을 일으키던 해외 펀드는 요즘 인기가 시들해졌다. 지난달만 해도 하루 평균 3000억 원씩 들어오던 펀드 자금이 최근에는 오히려 빠져나가고 있다. 지난 20일과 21일에는 이틀 연속 995억 원, 187억 원씩 잔고가 줄었다고 한다. 올해 1월 이후 처음으로 감소세를 보인 것이다. 미국에서 발생한 서브프라임모기지(비우량주택담보대출) 부실 우려로 글로벌 증시가 폭락하면서, 정보 접근이 비교적 힘든 외국 증시에서 발을 빼고 있는 것으로 분석된다.

국내 주식형 펀드 가입금액 및 주가 상승률
자료 : 자산운용협회 전자공시

조선일보 2007. 8. 25.
(신지은 기자)

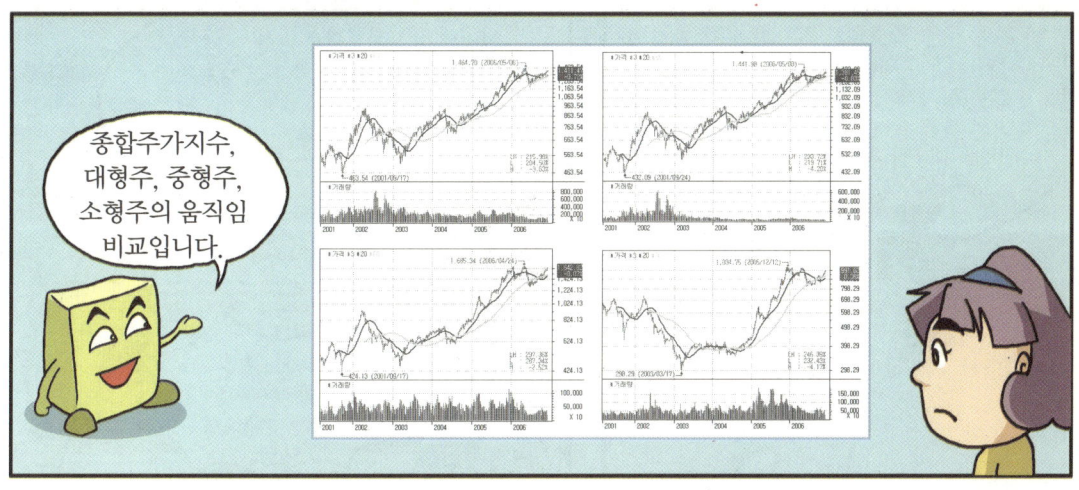

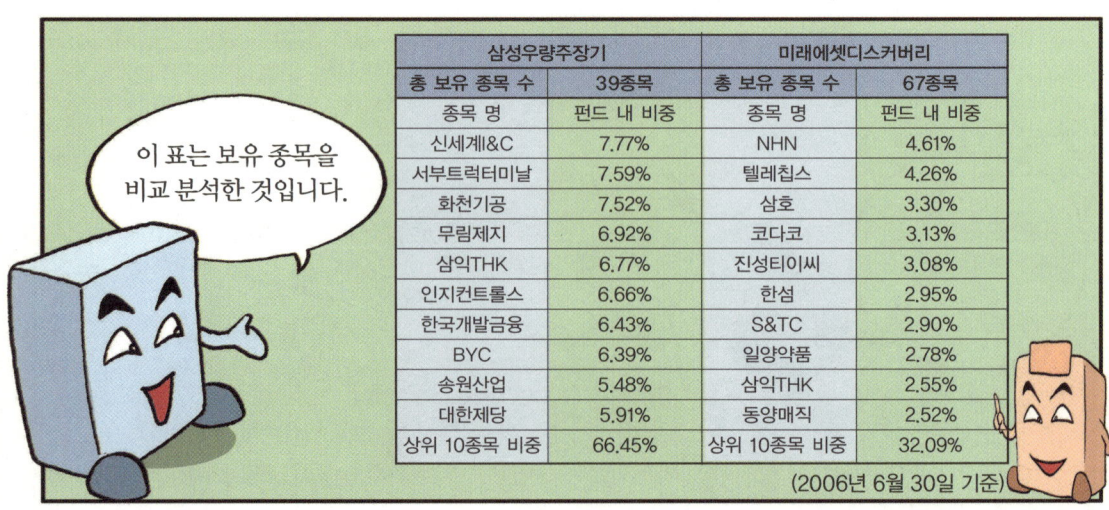

삼성우량주장기		미래에셋디스커버리	
총 보유 종목 수	39종목	총 보유 종목 수	67종목
종목 명	펀드 내 비중	종목 명	펀드 내 비중
신세계&C	7.77%	NHN	4.61%
서부트럭터미날	7.59%	텔레칩스	4.26%
화천기공	7.52%	삼호	3.30%
무림제지	6.92%	코다코	3.13%
삼익THK	6.77%	진성티이씨	3.08%
인지컨트롤스	6.66%	한섬	2.95%
한국개발금융	6.43%	S&TC	2.90%
BYC	6.39%	일양약품	2.78%
송원산업	5.48%	삼익THK	2.55%
대한제당	5.91%	동양매직	2.52%
상위 10종목 비중	66.45%	상위 10종목 비중	32.09%

(2006년 6월 30일 기준)

위의 두 펀드는 모두 중소형 주식에만 투자하는 펀드라는 면에서 비슷하지만 운용 전략은 상당히 다릅니다. '유리스몰뷰티' 펀드는 '미래에셋3억만들기중소형' 펀드에 비해 종목 수가 적지만 상위 10개 종목에 집중적으로 투자하고 있습니다. 반면 '미래에셋3억만들기중소형' 펀드는 종목이 폭넓게 분산되어 있습니다.

중소형 주식은 변동성이 크다는 일반적인 인식과 달리 '유리스몰뷰티' 펀드는 변동성(위험) 지표인 표준편차나 베타가 모두 동일유형 평균보다 낮다는 것이 특징입니다.

구분	유리스몰뷰티	미래3억만들기 중소형	동일유형 평균
표준편차	16.38	22.36	19.72
베타	0.56	1.04	1.05
샤프	0.03	0.03	0.09
트레이너	0.13	0.08	0.23

2006년 6월 말을 기준으로 운용 성과를 비교해 보면 미래에셋3억만들기 중소형 펀드에 비해 유리스몰뷰티 펀드가 훨씬 더 나은 수익률을 기록했습니다. 또한 2005년 최고의 펀드로 선정되기도 했습니다.

기간별 운용 성과를 비교해보죠.

운용 기간 구분	종합주가지수 등락	유리스몰뷰티	미래3억만들기 중소형
과거 6개월 (2006. 6. 30~2006. 1. 2)	-6.77%	-6.34%	-19.87%
과거 1년 (2006 .6. 30~2005. 7. 1)	27.22%	26.53%	22.69%
2005년 1년 (2005. 1. 2~2005. 12. 30)	58.40%	123.70%	96.28%
과거 1년 6개월 (2006. 6. 30~2005. 1. 2)	48.72%	109.51%	57.25%
설정일 이후	-	170.03%	57.25%

중소형주 펀드에 대한 투자는 아주 높은 수익률을 창출하지는 못합니다. 그리고 포트폴리오 전반의 위험을 줄이기 위해서는

포트폴리오의 일정 부분만(약20% 정도) 구성하는 것이 바람직합니다.

그렇군요.

어린이 펀드에 투자하는 게 좋은가요?

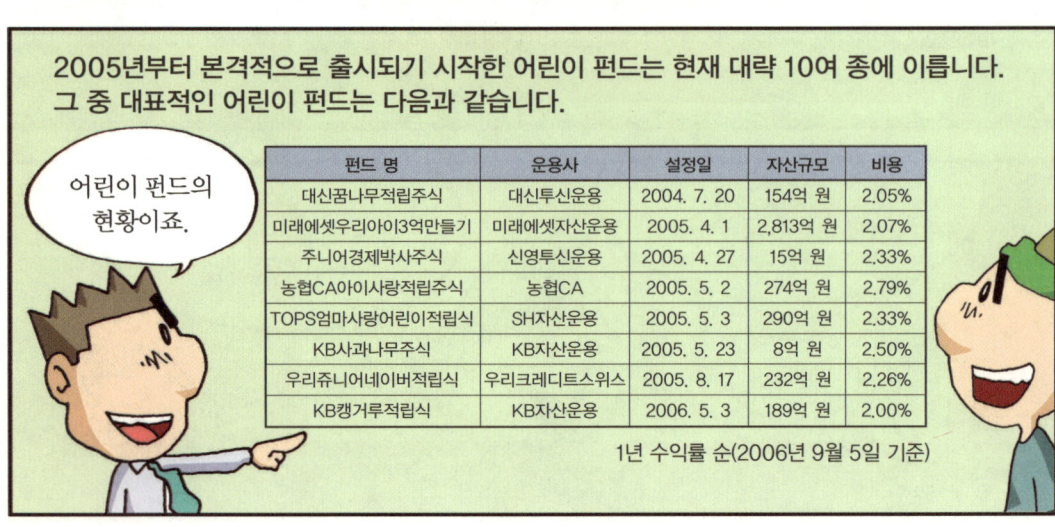

실제로 영국이나 미국 등 선진국에서는 정부가 적극적으로 나서서 어린이 펀드 가입을 권유하고 있습니다. 또한 보조금을 지원하고 부모가 추가로 투자할 수 있도록 하고 있습니다. 미국의 '529플랜', 영국의 '어린이 신탁기금 Child Trust Fund', 캐나다의 '런세이브 Learnsave' 등이 바로 이런 제도입니다.

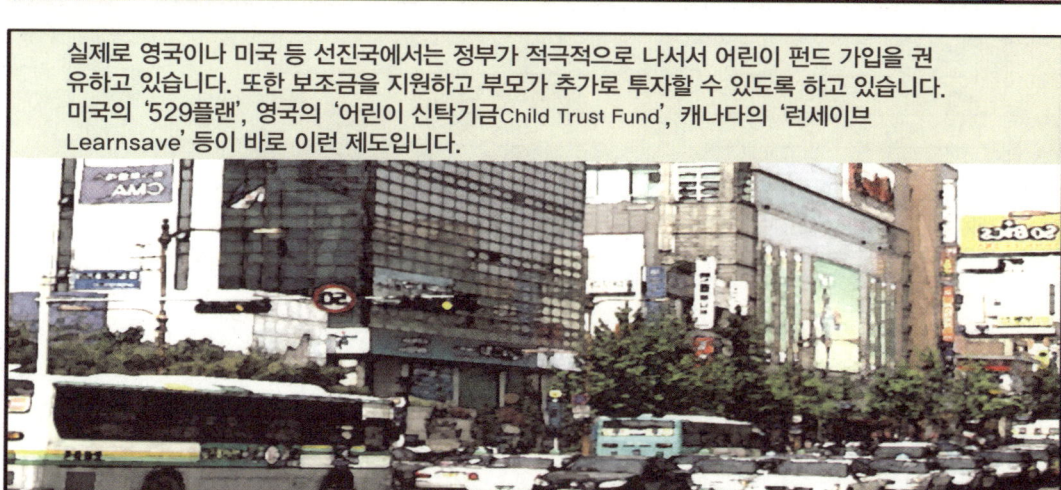

어린이 펀드 운용 성과 비교

펀드 명	6개월	1년	올해	설정일 이후
대신꿈나무적립주식	0.38%	43.64%	2.56%	93.06%
미래에셋우리아이3억만들기	0.05%	30.72%	-4.37%	54.64%
TOPS엄마사랑어린이적립식	-1.20%	25.67%	-3.28%	50.83%
주니어경제박사주식	-5.23%	24.49%	-8.82%	47.90%
KB사과나무주식	-3.95%	20.92%	-9.15%	38.26%
농협CA아이사랑적립식	0.33%	17.98%	-6.40%	34.71%
우리쥬니어네이버적립식	-1.34%	14.42%	-0.13%	15.87%
KB캥거루적립식		-		-0.96%

1년 수익률 순 (2006년 9월 5일 기준)

주식시장은 단기간만 놓고 보면 변동성이 무척 커 보입니다. 하지만 투자 기간을 길게 하면 위험(변동성)이 낮아지고 은행 예금보다 상대적으로 높은 수익률을 기대할 수 있습니다.

통계자료에 따르면 지난 25년간 우리나라 주식시장은 종합주가지수 기준으로 연평균 11.1%의 수익률을 보인 것으로 나타났습니다. 주식시장의 역사가 오래된 미국도 지난 195년 동안 주식시장 연 복리 실질수익률이 7.0%였습니다. 매년 3%의 인플레이션을 가정하더라도 약 10.2%의 명목수익률을 낸 것입니다.

월 불입금 100,000	투자 기간	연 복리 수익률		
		8%	10%	12%
	10년	18,416,567	20,484,000	23,003,000
	20년	59,294,721	75,936,000	98,925,000
	30년	150,029,517	226,048,000	349,496,000
	50년	798,460,566	1,732,439,000	3,905,830,000

일시금 5,000,000	투자 기간	연 복리 수익률		
		8%	10%	12%
	10년	10,800,000	15,550,000	20,250,000
	20년	23,300,000	48,250,000	81,850,000
	30년	50,300,000	149,800,000	331,050,000
	50년	234,500,000	1,445,000,000	5,418,300,000

합계 -	투자 기간	연 복리 수익률		
		8%	10%	12%
	10년	29,216,567	36,034,000	43,253,000
	20년	82,594,721	124,186,000	180,775,000
	30년	200,329,517	375,848,000	680,546,000
	50년	1,032,960,566	3,177,439,000	9,324,130,000

투자 기간과 연 복리수익률에 따른 결과입니다.

놀라지 마세요.

위의 표를 보면 매월 10만 원씩 30년간 투자했을 경우(연 복리 수익률을 10%로 가정했을 때) 총 2억 2600만 원에 이르는 큰 금액이 된다는 것을 알 수 있습니다.

2억 2600만 원요!!!

또한 어린이 펀드에 최초로 가입하면서 자녀를 위해 500만 원을 일시납부로 넣고 매월 10만 원씩 추가로 투자한다면(연 복리 수익률을 10%로 정했을 경우) 30년 후에 무려 3억 7500만 원에 이르는 목돈을 마련할 수 있습니다.

독자와 소통하는 열린 출판

타임스퀘어가 '좋은 원고'와 '참신한 기획'을 찾습니다

타임스퀘어는 책을 통해 세상과 소통합니다.
책은 열린 광장입니다.
사람이 책을 만들고, 책은 다시 사람을 만듭니다.

타임스퀘어에서는
읽는 이의 마음을 살찌우고,
생각과 삶을 변화시킬 기획,
세상을 바라보는 안목을 키워주는
진실한 원고를 찾습니다.

타임스퀘어는 세상과 소통하려는 사람들의
열린 공간입니다.

타임스퀘어 분야 경영 / 경제 / 인문 / 실용

서울시 마포구 동교동 113-81 (1층) (우)121-816
Tel : (02) 3143-3724 Fax : (02) 325-5607
e-mail : timesq4u@hanmail.net